読みのスリルとサスペンス

深層読みで名作に迫る

広井護

カバー・本文イラスト　白石　緑

はじめに

夏目漱石の「吾輩は猫である」について論じている研究書は、数多くあります。

けれど、わたしがこの本で伝えたいと思うのは

吾輩は猫である。

という一文から何を読み取ることができるかということです。

この一文には、一種の不整合があります。

「我が輩」が人間ではなくて猫であるということ。これはすぐ目にとまります。ところが、もっと微妙な不整合が隠れています。

「吾輩は虎である。」というならわかるのです。「吾輩は……」と大きくふりかぶってどんなすごい存在だろうと期待させ、「……猫である。」と小さく落とす。このはずし方が面白いのです。

でも、面白いと感じるだけでは、読みの力（読解力）として十分ではありません。この文に直接書かれていない、「吾輩」のイメージの微妙な二重性を読み取ってこそ本当の国語力です。吾輩の人物像をマイナスに読めば、「吾輩は威張りかえった尊大な人物（猫）」というイメージになりそうです。でも、プラスに読めば、「愛らしい人物（猫）」とも言えるのです。吾輩は猫にすぎない、と無邪気に告白してしまっているところが、なんともかわいいのです。

相反する二つのイメージが一つに溶け合っています。そこに絶妙のユーモアがただようのです。

このように、一語一語にこだわりながら論理的に文章を読んでゆくと、深く、豊かに文学作品を読み解くことができます。

国語力――つまり日本語力の基本は読みの力です。読みの力とは、書かれた言葉から、書かれていない内容をどれだけ深く、豊かに読み取ることができるかだ、と考えています。ところが、言葉に即して文章を読む――しかも論理的に読む――ことが国語の力だということは、意外に認知されていません。

わたしは、私立の中高一貫校で、中学生や高校生を相手に三十年以上、国語を教えてきました。その間に、社会人を対象にした授業をする機会も度々ありました。

それらの機会を通して痛感することは、中高生だけではなく、社会人をふくむ多くの人の心のなかに、「国語」という教科に対する、ある種の不信感が根を張っていることです。たとえば、国語に「正解」はあるのだろうか。勉強することによって国語の力って本当につくのだろうか。文学は、数学や英語のように、教室での授業によって教えられるものなのだろうか。あるいは、「文学作品を深く読む」とは、具体的にはどういうことなのだろうか。

こういう根本的な疑問が未解決なまま、多くの人の心の中にわだかまっていると感じられるのです。

こういう問題を整理してみたい。そして、国語の面白さを実際の授業例を紹介しながら伝えたい。そんな思いで書いたのが本書です。

そのために、授業づくりの苦労をくり返し語りました。社会人のみなさんに、教師の楽屋裏をあえてお見せすることで、国語の「つかみどころのなさ」の困ってきたるところや、その乗り越え方をご理解いただきたいと思ったからです。（この本を手にとってくださる中高生のみなさんの国語学習にとっても、授業をつくる側の試行錯誤はかなり参考になると思います）。

本文は、高知市文化振興事業団が隔月に発行している機関誌「文化高知」に、平成二十一年から五年間にわたって連載したコラム「言葉の現場から13～50」を再編集し、加筆したものです。コラムは、国語の授業の一コマを切り取って、「読み」にたどり着くまでのプロセスを、生徒たちとの問答を中心にまとめたものです。

社会人向けのコラムに、あえて中高生との問答を載せたところがミソです。中高生の抱く素朴な疑問と向き合い、誠実に答えを追求してゆくと、驚くほど深い読みの世界が開けてきます。文学研究の難解な専門書を読みふけるより、むしろ効果は大きいと考えています。

とはいえ社会人のみなさんには、中高生と問答をするという機会はあまりないと思います。その機会を、本書が提供できればと考えました。

読者のみなさんも、中高生の発言（Pで表示しています）に、自分の「読み」を重ねながら、わたしの授業に参加してみてください。問答の中にこそ、国語の面白さの――そして「読みの力」の鍛え方の――本質が現れると確信しています。

国語は、本来は魅力的で大切な科目だと多くの人が思っています。そして国語力＝日本語力を身につけたいと切実に望んでいます。なぜなら、国語は全ての「学び」の基礎だからです。社会人になってからも、もう一度国語の授業を受けてみたいと思っている人は多いのです。

国語に関心のある多くの人がこの本を手にとり、読みの面白さ――読みのスリルとサスペンス――を再発見してくださることを願ってやみません。

読みのスリルとサスペンス・目次

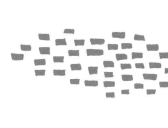

第二章 深層読みで名作に迫る 75

第三章 読みのアラカルト 165

第一章

言葉の裏を読む

優れた文学作品の言葉は、氷山の一角のようなものです。姿を見せている部分はわずかでも、海面下には大きなものが隠されています。この隠された内容を読み取る力が、真の国語力です。

ところが、その隠された部分にどうすれば接近できるかという筋道が、わたし自身なかなかつかめませんでした。

それでも先行実践に学ぶ中で、少しずつ方向が見えはじめました。そのきっかけとなったいくつかの授業例を紹介します。

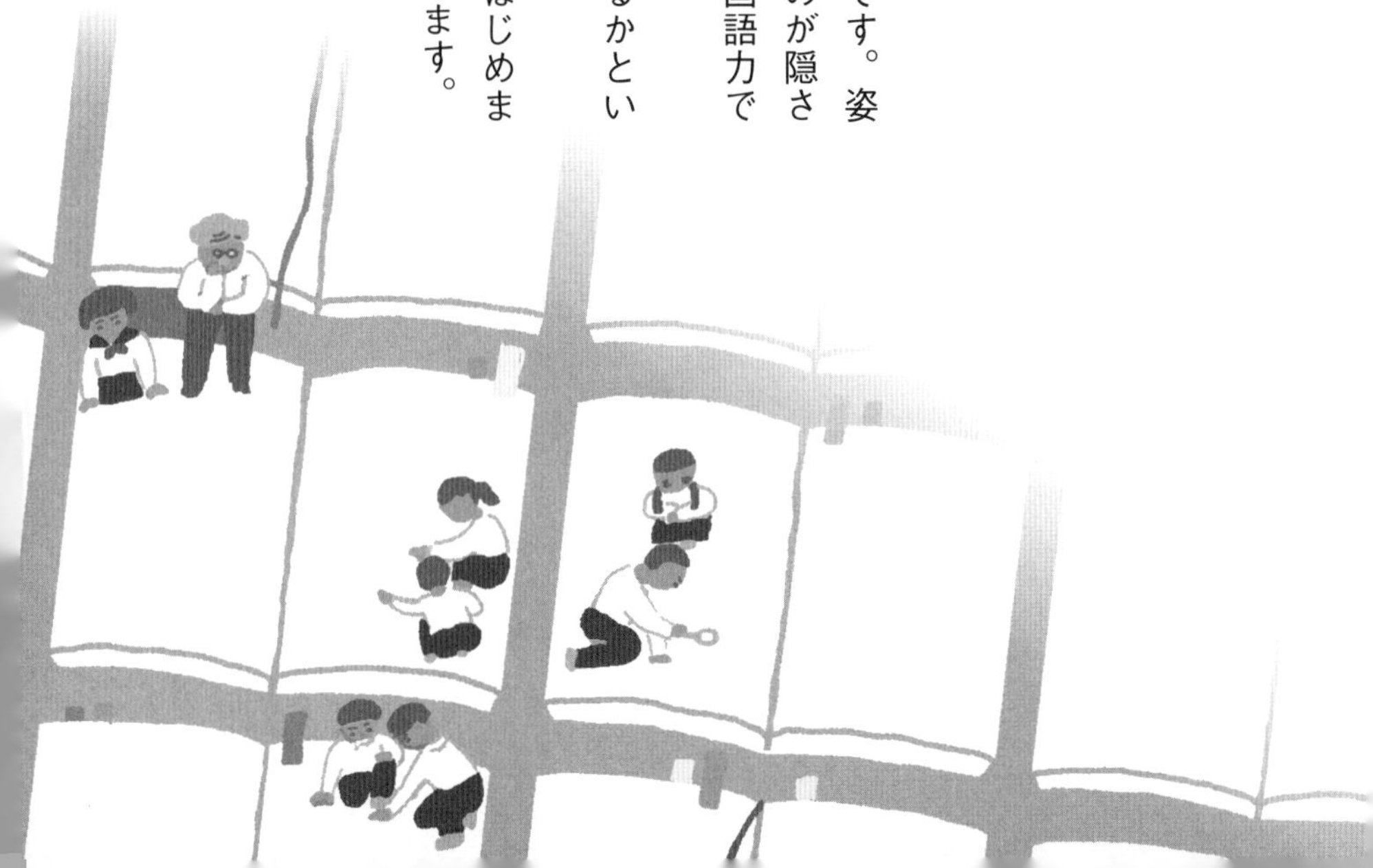

1　国語ってインチキ？——「主観的読み」と「客観的読み」

「文学作品の読みは、主観的なものだと思いますか？　それとも客観的なものだと思いますか？」

国語の授業を、わたしはこの問いかけから始めることにしている。対象が中学生のときも、高校生のときも、社会人のときも同じである。

たとえば、島崎藤村の『千曲川旅情の歌』の冒頭——。

小諸《こもろ》なる古城のほとり
雲白く遊子《ゆうし》悲しむ

「この二行には、誰が読んでもそう読めるという客観的な決まった読み方があるのでしょうか。それとも、十人の人が読めば、十人それぞれに違った読み方があっていいのでしょうか。どう思いますか？」

この問いかけに、生徒たちの目は真剣になる。社会人の場合はさらに真剣になる。多くの人々が国語に対して日頃から抱いている疑問に、この問いが触れるからだと思う。

国語は(特に「現代文」は)、生徒たちから敬遠されやすい科目である。つかみどころがない。あいまいだ。授業によって、国語の力って本当につくのだろうか。勉強の仕方がわからない。……等々、「とらえどころがない」というマイナスイメージで語られることが多い。なんとなくあやしい科目だと思われているふしもある。

大人になってからも、国語についてマイナスイメージを持ち続けている人をわたしはたくさん知っている。その根っこに、読みは主観的なものなのか、客観的なものなのか、という疑問に明確な答えがあたえられていないことがあると思うのである。

さて、わたしの問いかけに対する生徒たち(特に中学生)の反応は劇的だ。

五十人のクラスで、四十人近くが、「読みは主観的なものだ」の方に手をあげる。「読みは客観的なものだ」に手をあげる生徒は、わずかに三、四名である。つまり多くの生徒が、文学作品を読むときには、人ぞれぞれの解釈があってよいはずだと思っているのだ。

そこで、次のように語りかける。

「なぜ、みんなが国語があまり好きでないのかという理由がこれではっきりわかった。みんなのなかの多くの人は、読みは主観的で自由なものだと思っている。ところが、試験の点数は客観的なものだ。八十点の答案は六十点の答案より二十点だけ点がよい、というのは客観的事実だ。

そこでみんなは漠然とこう感じる。主観的な読みを客観的な試験によって評価するのはおかしいのではないか。国語の試験というのはインチキじゃないのか。国語の授業もなんかインチキくさい」

このように語りかけると、多くの子どもが強くうなずく。

「こんな疑問を感じたことのある人？」

と聞くと、たくさんの手があがる。そこで、

「この問題に、先生なりに答えを出しておきたい。先生は、こう考えています」

と、話を続ける。

「読みには二つの読みがある。主観的な読みと客観的な読みです。どちらかの読みが正しくて、どちらかが間違っているのではない。両方の読み方がある。先生は、そう考えています。

そして、主観的な読みにも、客観的な読みにも、どちらにもそれぞれの価値がある」

と、ここまで言ったあとで、生徒たちが嫌がる言葉をあえてつけ加える。

「でも、試験に出題されるのは、客観的読みの方だけです。

例をあげて説明しよう」

ここで、板書にもどる。

小諸なる古城のほとり
雲白く遊子悲しむ

「小諸」「古城」「遊子」といった言葉は、中学生にはむずかしい言葉だ。まずその意味を説明する。

「『小諸』は、信州の小さな町です。『古城』は古い城。戦国時代に築かれた山城の跡が小諸には今も残っているそうです。これは、武田信玄の家臣、山本勘助によって築かれた城だとも言われています。『川中島の戦い』で有名な千曲川を見下ろす小高い丘の上にあります。『遊子』とは旅人のことです」

ここからが読みの授業である。

Tはわたし、Pは生徒である。

T「雲白く……とあるけれど、どうして雲は白いんだろう？」

P「……」（答えられない）

T「どうして灰色じゃないの？」

P「……空が晴れているから」

T「としたら空は何色？」

P「青」

P「スカイブルー」

T「白い雲と青い空。くっきりした対比が目に浮かぶね。

ところがよく考えると、このフレーズには、なぞがある。空が晴れて青い空に白い雲が浮かんでいるのを見ると、ふつう人はどんな気持ちになるだろう？

P「晴れ晴れとした気持ち」
P「さわやか」
P「いい気持ち」
T「そうだよね。
　これは不思議だ。ところが、遊子は悲しんでいる。
　その理由を短い物語にしてください。ヒントは『古城』です」

こういう〝遊び〟は、中学生は大好きである。生徒たちは生き生きと物語づくりに取り組む。短い時間で様々な物語がつくられる。そのうちの一つを取り上げ、全体に紹介する。

「たとえば、こんな意見が出ています。
実は、遊子――つまり旅人は、昔この城につかえる武将だった。でも、敵に寝返り、深夜ひそかに城門を開いた。そのため敵兵が一気になだれ込み、城は陥落した。
彼は、恩賞をもらえるものと期待したけれど、戦国の世の現実は甘くない。口封じのため、逆に雇い主から命をねらわれることになった。命からがら逃げのびた彼は、以来自分の行為を深く恥じ、諸国さすらいの旅に出た。そして歳月は流れた。

今彼は、何十年ぶりかで、昔自分が立てこもっていたあの城の跡に立っている。彼の気持ちをよそに、空は青く晴れわたり、雲は白い。そのとき彼の胸にひとすじ悲しみがのぼってくる……」

こういう読みを紹介すると、生徒たちからは、クスクスという笑い声といっしょに、「すごい……」という嘆声があがる。

わたしもこの読みを、「素晴らしい想像力だ」と高く評価する。

そして文学作品には、こういう自由な読み方もあるのだということを、はっきりと教える。

その上で、次のように語りかける。

「でも、これが入試問題だったらどうだろうか。大学のセンター試験に、この詩が出題されたとする。そして、『遊子が悲しんでいる理由を答えなさい』という問題が出されたとする。もしも、正解は今紹介した物語で、それ以外の選択肢は全て×ということになったらどうだろう?

すると、大変なことになるよ。入試センターには、抗議の電話が殺到してくる。

遊子が、その城に仕えた戦国武士だったという根拠はどこにあるのか。彼が味方を裏切って、城門を開いたということは、どこから読み取れるのか。彼が自分の行いを恥じて、さすらいの旅に出たということは、どうやって証明できるのか。こういう出題を認めると、国語の入試制度はたちまち崩壊してしまうね。

つまり、主観的な読み、自由な読みは、試験には出題できないんだ。理由は、客観的で公平な採点ができないから。試験に出題できるのは、誰が読んでもそうなるという客観的な読みだけだ。

同じように、授業で教えたり訓練したりできるのも、客観的な読みの方だよ」


わたしの説明は、生徒たちに一定の説得力を持っている。そう言われればそうなのかな、と受け入れざるを得ない。

けれど、「国語には正解がない」ということにロマンを感じている生徒も、すくなくない。そういう生徒たちは、いたく失望するのである。

ところが、私が言いたいことは、ここからである。

次のように続ける。

T「でも、客観的な読みって、つまらない読みじゃない。筋道を立てて作品を読み解いてゆくプロセスには、推理小説を読むようなスリルとサスペンスがある。国語の勉強の面白さって、そこにあるんだよ」

ここで再び板書にもどってくる。今度は、客観的な読み取りの授業を行うのである。

小諸なる古城のほとり
雲白く遊子悲しむ

T「古城とは古い城だ。でも、城ははじめっから古かったわけじゃない。最初は、ぴかぴかの新しい城だった。それが、どうして古くなったのだろう？」
P「……時が流れたから」
T「どのくらいの時が流れたの？　一年くらい、それとも十年くらいかな？」
P「もっと長い……」
T「十年くらいじゃ、古城にならない」
P「古城といったら廃墟みたいなイメージだし、百年とか二百年とかの時間が流れていると思う」
P「古城といったら、歴史を感じる。何百年も経っているんじゃないかな……」
T「そうだね。長い長い時が流れたんだ。
人間のつくったものは、はかない。時間の中で必ず滅んでゆく。
ところが、滅ばないものもある。
この城が新城だったときにも、空は晴れ渡り、雲は白く輝いていた。空も雲も、あのときのままだ。
永遠な自然と、はかない人間のいとなみ。その対比が見つめる遊子の心に悲しみを呼び起こす。

対比されているのは、それだけじゃない。遊子の見上げる空の高さ、広さ、青さ、雲の白さ。広大な自然と、古城址《し》にぽつんと一人立ちつくしている自分の小さな姿。この対比も、遊子の胸に悲哀を呼び起こす。

……というような読み。こういう読みを客観的な読みと言います。これは、筋道を立てて読んでゆくと、誰が読んでも同じ読みに到達できる読みだよね。でも、けっして平板じゃないでしょう。スリリングな読みです」

「主観的読み」と「客観的読み」。両者を明確に区別した上で、それぞれをきちんと位置づけること。それが、生徒たちの――そして大人たちの国語不信を解消する上で有効だと考えている。

客観的読みは、実は面白い。

これは本書の結論でもある。しかし、意外に知られていないことである。

詩や小説は（場合によっては評論でも）、自由な読み方が可能である。それぞれの読者が豊かな想像の翼を広げて、多様な読み方をする。それができるところに、数学や理科等の学習とは違う、国語の面白さがある。

わたしは生徒だったころ、そう考えていた。そして、それは間違いではなかったと今でも思っている。

しかし、教室での国語の授業が主としてとりあげる読み(読解)は、主観的読み、つまり自由な読みではなく、客観的読みなのである。

この〝ずれ〟――自由な読みを期待させる国語の授業が、もっぱら客観的読みを行っていることが、生徒たちを――そして大人たちを混乱させている。

この問題の解決は、客観的な読みを否定することではないだろう。逆に、客観的な読みの面白さを意識化することが大切だと考える。

自由で創造的な読みは、客観的読みを土台としたときに、はじめて文化として花開くものだと考えるからである。

2　国語の授業はむずかしい！

国語の授業はむずかしい。教師にとってむずかしいのである。

この節では、そのことを述べてみたい。

教師にとっての〝むずかしさ〟の中に、国語という教科の本質が、集中的にあらわれていると思うからである。

毎年母校に帰ってくる教育実習生たちを見ていると、それがよくわかる。授業で一番苦しんでいるのは国語の実習生である。

むろん、どの教科の実習生も授業づくりには悩んでいる。教壇にはじめて立つ大学生が、授業時間いっぱい生徒たちを惹きつけ集中させることは容易ではない。その上、教科内容を理解させ定着させるとなれば難事業である。

ところが国語の実習生たちは、それ以前の問題でつまずいている。「一体、何を教えればよいのだろう……」という悩みである。

他の教科だと、たとえば数学の「三角関数」、英語の「関係代名詞」、歴史の「大化の改新」……というように教える内容が一応明確に与えられている。それをどうわかりやすく、彩り豊かに教えるかということが問題なのだ。

ところが、国語はそれ以前に大問題がある。何を教えればよいかがわからないのだ。

たとえば※中学国語の教科書に、次の俳句が載せられていた（時期がある）。

引つぱれる糸まつすぐや甲虫《かぶとむし》　高野素十

「この俳句で一時間の授業をしなさい」と言われたら、気の弱い実習生なら泣き出すかもしれない。読めばわかるように書かれている作品である。この句で一体何を教えればよいのだろう。また、その指導によってどういう国語の力をつけることができるのだろう。

私が教師になって以来今日まで悩み続けている問題も、実はこれなのである。

経験と年の功で、何とか授業時間を埋めることはできるようになったが、今も心の底に同じ問いが響いている。読めばわかるように書かれた日本語の文章で、何を教えることができるのか……という問題である。

生徒たちの側から言うと、先生は何を教えようとしているのだろう、それがわからない……という〝モヤモヤ感〟。これが、国語の授業にはつきまとうのである。

そして、ここにこそ、国語という「教科」の〝やっかいさ〟の本質があらわれているのである。

授業づくりに苦しんでいる実習生の姿を見るたびに、自分の原点を思い出す。

※光村図書　中学校国語３

国語という教科（特に現代文の読解）をどうとらえ、どう整理すれば合理的理解にたどりつけるかという筋道を、わたしの経験をおりまぜつつ紹介してゆきたい。

次は、わたしの授業遍歴の一例である。

教師になって二年目に、教科書の中で次の※句に出合った。

咳をしても一人

尾崎放哉

強い印象を受けた。この句についてはきちんと授業をしたい、と思った。

実はその時まで、わたしは教科書中の作品と向き合うことをスルーしていた。かわりに授業中の雑談に精魂を傾けていた。前述の国語の実習生と同じ問題――読めばわかる文章で何を教えたらよいのだろう、という問題でつまずいていたからだ。

幸い読書量には自信があったので、教材に関連した雑学を次々に開陳することで授業時間を埋めていた。

たとえば、「※言葉の力」（大岡信）という随筆を教えるときは、次のような雑談から始める。ウィリアム・シャイラー著『※第三帝国の興亡』という全五巻の長い本がある。その中にこんなエピソードが紹介されている。

※「咳をしても一人」尾崎放哉全句集　ちくま文庫
※「言葉の力」大岡信　光村図書　中２国語教科書
※「第三帝国の興亡」ウィリアムシャイラー（東京創元社）

アドルフ・ヒットラーは、本当は「ヒットラー」という名前ではなかった。「ヒートラー」というのが本名である。ところが若いころに、どういうわけか「ヒットラー」と改名した。もしヒットラーが改名せず「ヒートラー」のままだったなら、悪名高い「ハイル・ヒットラー」というナチス式敬礼は、「ハイル・ヒートラー」という間の抜けた響きになっていただろう。とすれば、ヒットラーがあれほどまでに群衆を熱狂させ、その支持によって独裁者となるということはなかったかもしれない。……と書かれていた。

「ッ」と「ー」というたった一文字の違いが歴史を変えたかもしれない。「言葉の力」の大きさに、そのときわたしは深甚《しんじん》なる衝撃を受けた。……というような話である。

それから随筆「言葉の力」を朗読し、難語句等を説明する。あとはチャイムが鳴るまで同タイプの雑談を語りまくり、「言葉の力」というキーワードでしめくくる。

雑談のネタを仕入れるために徹夜で読書にふけったこともある。授業の中に生徒の興味を引く雑談を入れることは、予想したよりはるかに難しい技術を要し、猛勉強が必要だった。けれど、雑談でどんなにうまく時間を埋めても、作品から逃げているという後ろめたさをまぬがれることはできなかった。

ところが、尾崎放哉の「咳をしても……」の句には、雑談ではごまかすことができない、文学的な香気がただよっていた。こちらの魂を深くゆさぶる何かが感じられた。けれどその「何か」をどうとらえ、どう説明すればよいかがわからない。

苦しまぎれに、生徒たちに感想を言わせ、それによって授業を成立させようとしたこともある。

Ｔ「この句を読んで感じたことを、どんなことでもいいから言ってください。……どんなことでもいいよ」

Ｐ「淋しそう……」

それで、終わりだった。生徒の言葉にいくらかのコメントを加えてみたが、三分弱で授業は終わった。複数の教室で同じ試みをしたが、結果は同じだった。どの教室でも三分以上、授業は成り立たなかった。

この敗北感は大きかった。

雑談でごまかしているうちは何とかなっても、正面から国語の授業をしようとすると、正味三分しかもたない――という事実に打ちのめされたのである。

そのころ、友人に相談したことがある。友人は別の学校で国語教師をしていた。

「国語って一体何を教える教科なんだろう」と、ストレート過ぎる質問をぶつけてみた。すると驚くべき答えが返ってきた。

「お前は傲慢なんだ。文学を教室で教えるつもりなのか。詩人も作家も天才だ。その作品を一介の教師が教室で教えるなんて思い上がりだ。そもそも国語教師が授業で教えることができるものは二つしかないんだ」

何だろうと思った。

「一つは漢字だ」

と、友人は言った。

「もう一つは語句の意味だ」

わたしはあっけにとられた。

「この二つを丁寧に指導したら終わりだ。

教師の考えを押しつけるんじゃなくて、解釈は生徒に任せればいい。

感想を書かせるといい。発言できない生徒も、短い感想ならけっこう書く。

その感想を読み上げながら、『こういう考えもあるね』『あっ、こういう読み方もあるんだね』

というコメントをしていったらいい。

一時間ぐらいすぐたつよ」

この明快な言葉は、一瞬わたしを打ちのめした。国語の授業について悩むこと自体が無意味
だと宣告されたように感じたからだ。頭から冷水を浴びせられた気分だった。……ところがそ
の気分の底から、なんとも言えない解放感も湧きあがった。

そうか。国語の授業は意外に簡単なのかもしれない……と思ったのである。

しばらくの間、友人のアドバイスに従って授業をしてみた。

すると友人も、実はわたし同様の状態だった——つまり授業から逃げていたのだということ

が、はっきりとわかった。

漢字と語句の授業では、生徒の納得は得られない。感想を書かせて全部肯定していると、「結局何を言っても同じじゃないか……」という、ゆるんだ雰囲気が広がり、教室はしらけてゆく。

結局自分で工夫するしかない、と思い知らされた。

そこで、試行錯誤の果てにたどり着いたのが、作家の人生から作品に迫るという授業方法だった。

たとえば尾崎放哉は、数奇《すうき》な人生をおくった俳人だ。東京帝国大学の法学部を卒業した秀才で、大きな保険会社の要職についていた。ところが、あるときから一切を捨てて放浪生活に入る。今で言えば、エリートコースを歩んでいたサラリーマンが突然、ホームレスになったようなものだ。劇的な人生である。

この人生を、まるで見てきたように語る。そして、クライマックスで「咳をしても一人」を静かに朗読する。

T「このとき放哉は結核にかかって死を意識していた。この句は孤独の極北を表している……」

というふうに授業をしめくくる。

この方式には良い手応えを感じた。生徒たちも授業を聞いてくれたし、わたしも国語の授業をしているという気分を味わうことができた。

そのため、実に十数年もの間、わたしはこの方法に固執することになる。

ところがあるとき、授業後の教室で一人の生徒からこう言われた。

「作家のことをそこまで知らんといかんですか？　先生は本読むとき、作者の人生知って読んでるわけ？」

これはこたえた。

作者の人生を知らなければ、その作品が読み解けないのだとしたら、大学入試や高校入試に出題される文学作品は読解できないことになる。授業で教えられる作家の数には限りがあるけれど、入試に出題される作家の数は無数だからだ。

そう思ったとき、国語の授業を成立させるためには、作品自体と向き合わざるを得ない――それしかないのだということを、ようやくにして悟った。

すると尾崎放哉の「咳をしても一人」が、全く別の角度から見えてきたのである。

3　「咳をしても一人」のなぞ

いくら面白おかしい雑談で生徒たちを惹きつけても、授業そのものからは逃げられない――そう腹をくくったとき、尾崎放哉の句が全く違う姿で見えはじめた。

〈言葉の裏を読む〉という方法論（「深層の読み」）を学んだことから突破口が開けてきた。

以下は、そのときの授業である。

咳をしても一人

T「この七文字の句には、裏の意味を読みとることのできる言葉が少なくとも三つはふくまれています。言ってみてください」

P「咳」

P「も」

P「一人」

T「そうだね。この三つは深く読む必要があるね」

〈「も」を読む〉

咳をしても一人

T「一番読みやすい『も』から読んでいこう。『咳をしても一人』と、『咳をして一人』を比べてみると、『も』の意味が見えてくるよ。「も」があるとないとでは、どう違う？」

P「『咳をしても』と言ったら、『咳をしてないときも一人』という感じがする……」

T「そうだね。では、『咳をしてないとき』って、具体的にはどんなとき？　何でもいいから言ってみてください。たとえば……」

P「……歩いているとき」

T「そう、歩いているときも一人ってことだね。まだあるよ」

P「座るとき」

T「そう、座っているときも一人だね。まだまだ」

P「立ち止まるとき」

P「ごはんを食べるとき」

P「寝るとき」

P「顔を洗うとき」

P「テレビを見ているとき」
P「あくびをするとき」
P「お酒を飲むとき」
P「しゃれを言うとき」
T「一人でしゃれを言って一人で笑う。……暗いですね」
P「しゃべるときも、一人ごとを言うだけ」
T「ますます暗いね」

その他、二十近くも例が出る。生徒が発言しはじめると、授業は活気づく。

〈「咳」を読む〉

T「この人は、歩いてるときも一人。座っているときも一人。テレビを見ているときも一人。あくびしても一人。しゃれも一人で言って一人で笑う……。
だったら、どうして『歩いても一人』とか『しゃれを言っても一人』とか言わずに、『咳をしても』って言うのかな？　なぜ『咳』なの？
これが主発問です。この授業で一番大事な発問だね」
P「……」（答えられない）

T「それは咳をしたときが、一番？」
P「……」（答えられない）
T「句の中の言葉で答えてください。この句の七文字の中に答えはあるよ」
P「……一人」
T「そうです。この人は『咳』に強いこだわりを持っている。咳をしたときが一番一人だと感じるんだ。
そうでなかったら、『歩いても一人』とか、『座っても一人』とか、別の言葉を使うはずだ」

〈「一人」を読む〉

T「ここから『一人』の意味が読めてくるよ。『一人』には、『人が単数いる』という意味もあるけれど、ここでは？」
P「一人ぼっち」
P「孤独」
P「淋しい」
T「そういう意味です。人数が一人っていうだけの意味じゃないね。すごく淋しい人なんだ」

〈再び「咳」を読む〉

T「では、どうして『咳』をしたときに、そんなに孤独なんだろう？　歩いても、座っても、寝ても、起きても一人ぼっちのこの人が、なぜ『咳』をしたときにだけ、そんなに痛切に孤独を感じるんですか？」
P「体が弱っているから」
P「病気になっているから」
T「もっと決定的な理由があるよ。内面的な理由です」
P「誰かに介抱してほしい……」
P「誰かにそばにいてほしい」
P「誰かに慰めてほしい」
T「そうですね。せめて咳をしたときは、誰かにそばにいてほしい。人のぬくもりを近くに感じたい。そんな気持ちがにじんでいます。
　すると、この『咳』ってどんな咳？　咳にも、いろいろな咳があります。咳払いの咳。のどにゴミが入って出る咳。風邪の咳。……そんな咳じゃないよね。この咳は何の咳？」
P「結核」
P「肺癌」
P「肺炎」
T「よし。病名までは断定できないけれど、軽い風邪じゃないよね。命にかかわるような、死を意識するような咳である可能性が高い。『も』という言葉には、それだけの重さがある。

するとこの『咳』には、話者の、ある気持ちがこめられていることがわかるね。どんな気持ち？　淋しさと同時に……」

P「不安」

P「心細い」

T「そうですね。ものすごく不安で、心細い。その不安を、話者はいつ感じたんですか？　咳をする前か、咳をし終わった後でか。どう思いますか？」

P「後で……」

T「なぜ？」

P「なんとなく……」

T「なんとなくでは読みとは言えないね。咳をした後、あたりがどうだったんですか？」

P「……静かだった」

T「もう一度、まとめて言ってください。なぜ咳をした後で不安を感じたの？」

P「咳をした後、あたりが急にシーンと静まりかえったから、不安になったんだと思います」

T「咳をした後の静寂の中で、孤独と不安を感じたんだね。すると、そこから逆に『咳』の物理的イメージが読めるね。どんな咳だったんですか？」

P「激しい咳だった」

T「それが止まったとき、あたりの静けさを強く感じるくらい激しい咳だったんですね。でも、別の読みもできるよ。小さいかすかな咳だったかもしれない。その可能性も否定できないでしょう。文学作品を読むときは、全ての可能性を読むんです。
　そこで、小さい咳だったとする。それなのに静寂を強く感じたんです。だとしたら、それはなぜ？」
Ｐ「……」（答えられない）
Ｔ「あたりに……」
Ｐ「人気がない」
Ｐ「あたりに誰もいない」
Ｐ「あたりに動くものがない」
Ｐ「ものすごく淋しいところにいる」
Ｔ「どちらにしても、孤独と寂寥《せきりょう》を強調する静けさですね」

〈主題を読む〉

Ｔ「まとめます。歩いても、座っても、何をしても一人ぼっちのわたしでも、咳をした後の一瞬の静寂の中では人のぬくもりを痛切に求めます。そんなときでもわたしはただ一人だ。
　――これがこの句の主題です。そんな『孤独の極北』とも言うべき心境を、たった七文字の中に、短くさりげなく表現しているところが、この句の凄いところです」
以上のように授業をしたあと、次のようにつけ加えた。

T「この句の特徴は、短かさだね。五七五という定型をくずした自由律俳句です。七文字よりも字数の少ない文学作品って想像できないでしょう。たぶん世界で一番短い詩だよ。でも、短いのはこの句の『表層』です。氷山で言えば、海面に姿を見せている一角。背後には海面に隠れている『深層』の部分がある。その部分が深くて大きいんだ。優れた文学作品は「表層の言葉」の背後に、深くて大きな意味――『深層の意味』を隠している。これを読み解くのが、文学作品を読む醍醐味だよ」

この授業をしたあと、ある男子生徒から興味深い報告を受けた。「咳」という漢字を漢和辞典（学研漢和大辞典・藤堂明保編）で調べてみたところ、「解字」の欄で次の記述を発見したという。

> 『亥』は、豚の骨格を描いた象形文字で、骨が出てごつごつする意を含む。『咳』は、『口＋音符・亥』の会意形声文字で、せきが出てやせて、骨組みがあらわに外に出ること。

P「七文字しか字がないので、『咳』という漢字が異様に目立っているじゃないですか。それで、漢和辞典で調べてみたら、この句の『咳』の意味にぴったりはまる語源でした。咳が出てやせて、骨組みが外に出る。……そういうイメージでしょう」

「咳」の語源は、「咳払いの咳」でも「風邪の咳」でもなく、文字通り「死を意識するような咳」だった。生徒は熱っぽく語った。

言葉の裏を読む「深層の読み」の授業に、確かな手応えを感じた瞬間だった。

このときの授業から、いくつかのことを確信するに至った。

作品の一語一語にこだわりながら、筋道を立てて言葉を読み解いてゆくと、作品の裏側にある深層の世界が開けてくる。「なぞ」を見つけて「なぞ」を解く。それが読み――読解ということではないだろうか。

作品を読み解いてゆくうえで、生徒たちとの問答は重要な働きをする。「問い」と「答え」の間の往復運動は、「読み」のプロセスそのものだ。逆に言えば、「自己内問答」を行うことができれば、「読み」は教室を離れたところでも成立する。それが大人の国語力だろう。

もう一つ。国語という教科にも科学的な系統性があるのではないか、と感じはじめた。

尾崎放哉の「咳をしても一人」が読み解けるなら、山頭火の「鉄鉢の中へも霰」も同じ方法で読み解けるのではないか、と思ったのである。

4 「鉄鉢の中へも霰」のなぞ

種田山頭火に次の※句がある。

鉄鉢の中へも霰

「鉄鉢」は「てっぱつ」、「霰」は「あられ」と読む。わずか七文字の自由律俳句だが、難解な作品である。この句の読み取りの授業を紹介したい。

言葉の裏の意味を読み取るには、まず語句の辞書的な意味(表層の意味)を正確に把握する必要がある。この句では「鉄鉢」が重要である。

「鉄鉢」は単なる「鉄の鉢」ではなく、修行僧が乞食《こつじき》=托鉢《たくはつ》に用いる道具だ。「乞食」は、仏道修行である。人の恵みを受けながら旅をすることで、高い心の境地を求めるものだ。

「乞食《こじき》」という語は、「乞食《こつじき》」から生まれたと言われる。だが両者の意味は異なる。これは授業の山場でポイントになるので、語句指導で強調する。

さて、この句の中で裏の意味が読める語は、「鉄鉢」「も」「霰」の三つである。

※「鉄鉢の中へも霰」種田山頭火全句集　春陽堂

〈「霞」を読む〉

T「では、読みやすいものから読んでいこう。『霞』から何が読める？　霞が降るのはいつ？」
P「冬」
T「そうだね。でも、読めるのは時だけじゃない。まだ読めることがあるよ。何？」
P「場所」
T「霞が降っているんだから家の中じゃないよね。どこですか？」
P「戸外」
T「時と場を重ねると『冬の戸外』だと読めるね。『冬の戸外』ってどんなところ？」
P「寒い」
P「冷たい」

〈「鉄鉢」を読む〉

T「次は、『鉄鉢』を読む。鉄鉢を持っているのは誰？」

P「修行僧」

P「托鉢僧」

P「乞食《こつじき》僧」

〈「も」を読む〉

T「では、『も』を読もう。
　『鉄鉢の中へも霰』と、『も』のない『鉄鉢の中へ霰』とは、どう違う？」

P「『鉄鉢の中へも』と言ったら、鉄鉢の中以外にも霰が降っている感じがする」

T「たとえば？」

P「道にも……」

T「そう。道にも霰が降っている。
　他には？」

P「田んぼにも」

T「そう、田んぼにも霰が降っている」

P「屋根にも」

P「庭にも」

P「電信柱にも」

P「体にも」
T「体には何を着ている？」
P「服」
P「袈裟《けさ》」
P「蓑《みの》」
T「だから蓑にも霰が降っている。もうない？　外面的なものはいっぱい出たね。内面的には読めない？」
P「心にも霰……」
T「いいですね。心の中にも冷たい霰が降っている。
　ここまでをまとめます。あたりには、一面に霰が降っている。庭にも、道にも、田んぼにも。……体にも、顔にも、そして心の中にまで……」

〈主発問〉

T「では、ここで聞きたい。
　なぜ『心にも霰』じゃないんですか。あるいは、なぜ『顔にも霰』『屋根にも霰』じゃないんですか。なぜ『鉄鉢の中』でないといけないんですか？」
P「……」（答えられない）

T「いきなりは難しいね。
でも、こういうことは言える。他のものではだめだ。鉄鉢でないといけない。他のものと比べて、話者は鉄鉢に強いこだわりを持っている。
どういうこだわりですか？」

P「……」（答えられない）

〈再び「鉄鉢」を読む〉

T「違う方向から考えてみよう。
話者は、どうして鉄鉢の中に霰が入ったことに気がついたの？」

P「見たから」

T「そうかな、この人は修行僧だよ。修行僧が鉄鉢をしげしげと見つめながら托鉢して歩くかな。『入るかな、入るかな、入ったぁ』ではマンガになってしまう。目で見たからじゃないだろう」

P「音でわかった」

T「そう。鉄鉢の中に霰が入ったときの音だよね。音でわかった。その可能性が高い。
ところでそれ、どんな音ですか？　擬音語で言うと？」

P「コン」

P「キン」
P「コロコロ」
P「カラカラ」
T「つまり、どんな音？」
P「小さい」
P「かわいい」
T「霰は氷ですよ。鉄鉢は鉄ですよ。それが触れ合うんだから？」
P「冷たい音」
P「鋭い音」
P「冴えた音」
T「冷たく、冴えた、鋭い音だね。
ところで音でわかったということは、この鉄鉢はどんな状態？」
P「空っぽ」
P「何も入ってない」
T「そう。だから音が響いたんだ。するとその音は、たんに冷たく冴えた音というだけじゃないね。どんな音？　空っぽであることがわかる音だよ」
P「むなしい音」
T「そうだね。難しく言えば〝虚無の音〟だ。

黒い鉄鉢と白い霞。色彩を押さえた白黒という色合いからも一種の虚無を感じとれる。
さて、それをふまえて『鉄鉢への話者のこだわり』を読み解こう。鉄鉢って、何を受けるもの？」

P「ほどこし」

P「お布施」

P「恵み」

T「では、鉄鉢の中に霞しか入らなかったってことは？」

P「お布施がない」

P「ほどこしがない」

P「恵みがない」

T「内面的に読めば？」

P「恵みを受ける鉄鉢にまで冷たい霞が降っている」

T「そう、非情な霞だね。そのときの気持ちを一言で言えば？」

P「暗い」

P「つらい」

P「絶望的」

T「まとめます。
道にも、庭にも、霞が降っている。屋根にも、蓑にも、笠にも、顔にも、心にも、霞が降っている。

そして、恵みを受ける鉄鉢の中にまで非情な霰が降っている。

……つまり、人の恵みを受ける鉄鉢の中にまで冷たい霧が降って、とてもつらいと読める」


〈マイナスからプラスへ〉


T「ここまでの読みは、これでいい。間違いじゃないよ。でも、これで終わってしまったら、これは『物乞い』の句になってしまう。今日の恵みは何もなかったという嘆きの句になる。すると、『鉄鉢』という言葉の意味がなくなるよ。乞食《こじき》だったら、持ち物は普通の「お鉢」でいいわけだから……。

でも、この句の核心は『鉄鉢』という言葉にある。

『鉄鉢』から読み取れる人物は『乞食《こじき》』ではなく、『乞食僧《こつじき》』だ。『鉄鉢』は乞食僧《こつじき》の修行の道具だ。それを踏まえると主題が見えてくる。

さっきは、『鉄鉢の中へも……』を『人の恵みを受ける鉄鉢の中にまで……』というように、否定的にマイナスに読んだ。けれど、肯定的にプラスに読み直すことはできないか。

鉄鉢って、何を受けるものですか？」

P「恵み」

T「その鉄鉢で受けているんだからこの霰は、肯定的に言えば何だと考えられる？」

P「……恵み」

T「そのとおり。霞は恵みなんだ。そうとも考えられる。どんな恵みですか？」

P「……」（答えられない）

T「問い方を変えよう。誰からの恵みですか？」

P「……天」

P「……自然」

T「そう読めば、『霞』のイメージが反転する。マイナスからプラスへ。『非情な霞』から『恵みとしての霞』へ。この反転がこの句の主題じゃないだろうか。

でも、『恵みとしての霞』ってどういうことですか？」

P「……」（答えられない）

T「具体的な霞じゃないね。霞の冷たさ、霞の非情さをどう考えることによって、天からの恵みと受けとめられるの？」

P「いい試練……」

P「愛の鞭」

〈主題を読む〉

T「最終的なまとめです。

道にも庭にも霰が降っている。屋根にも蓑にも笠にも顔にも、そして心にも霰が降っている。そして、恵みを受けるための鉄鉢の中にまで、非情な霰が入ってくる。

……だがこの試練をわたしは、天からの恵みとして受けよう。

短く言うと、『非情な試練をも天からの恵みとして受けようとする仏道修行者の心の境地』ということになるかな。この『とっさの覚悟』が主題です。

もう一つ。

話者は考えに考えた末にそういう結論に達したのではなく、霰の音を聞いて瞬間的にそう思ったのです。仏道修行の中で、一瞬にして深い認識が開けることがある。それを何という？」

P「……悟り」

T「そう。この句は一種の悟りの境地を表現している。

鉄鉢の中ではじける霰の音を聞いた瞬間、話者の心にひらめいた『生きる覚悟』のようなものが、その一刹那にとらえられている。

『生の淋しさ』と『その生をつつむ大自然への畏敬の念』が、ほのかなユーモアに溶けこんでいる世界だね。凄い句だよね」

❖ 補足 ❖

前々節で紹介した「引つぱれる糸まつすぐや甲虫」（高野素十）について、すこしだけ句の意味を補足しておきたい。

甲虫が糸を引いている。糸がまっすぐなのは、糸につけた荷物が重いからだろう。甲虫は自ら好んで重荷を引いているわけではない。誰かが（おそらく子どもが）つかまえて、荷物を引かせているのだ。

理不尽に与えられた重荷を懸命に引く甲虫。その生きる姿勢に話者は心を打たれている。

5 「古池や……」のなぞ

次は、芭蕉の句を取り上げてみたい。

漢文に、「二重否定」と呼ばれる文型がある。「勉強せざるべからず」といった表現である。「勉強すべし」を否定し、その否定を再否定する。

すると、「勉強するべきではないことはない＝勉強するべきだ」という、元の「勉強すべし」の意味にもどりそうである。

ところが違う。「絶対に勉強するべきだ」「必ず勉強せよ」といった強い肯定になる場合が多い。つまり、はじめとはニュアンスの異なる肯定になる。

「結婚せざるべからず」は「絶対結婚するべきだ」、「離婚せざるべからず」は「必ず離婚するべきだ」といった意味になる場合が多い。

「否定の否定」が元の「肯定」に戻るのではなく、「質的な変化をともなった肯定」に変わる。

これと似た表現の仕組みを、文学作品の中でよく見かける。

否定的な表現をもう一度否定することで、質的飛躍をともなった肯定的イメージをつくり出す表現法だ。

その古典的な例が次の句である。

古池や蛙飛びこむ水の音

あまりにも有名な芭蕉の句だが、私見によれば、この句には「否定の否定の法則」が働いている。

ある時、この句を取り上げて次のような授業を行っていた。

「蛙が池に飛びこむ音は小さい。それが『水の音』という体言止めで強調されているね。小さな『水の音』が余韻を引いて鮮明に聞こえた。なぜだろう? あたりが静かだったからだ。深い静寂があたりを領していた。この『深い静寂』が、この作品のテーマだね」

ここで突然、生徒からつっこまれた。

「それなら『古池や蛙飛びこむ静寂のなか』と言えばええやん」

うまく答えられなかった。

……三十年近く前のことである。それを今でも覚えているのは、生徒の発言にこの句の核心に迫る何かを感じたからだ。

今ならうまい言葉がある。「ベタな」という言葉だ。「ベタな話」「ベタなジョーク」というふうに生徒たちが使っている。「ひねりのない、素材そのままの」という意味である。「古池や蛙飛びこむ静寂のなか」と言ってしまうと、この静寂は「ベタな静寂」になってしまう。それを避けるために、あえて「音」という逆の表し方をした。

音は静寂を破るものだ。けれど、小さな音がはっきり聞こえることで、かえって静けさが強調される。結果的に「ひねり」の効いた「奥深い静寂＝幽玄な静寂」のイメージが生まれる。

こう言えば、生徒たちの納得を得ることができそうだ。

けれど「ひねりとは何か」という問題が残る。

「ひねり」とは「否定の否定」ではないだろうか。

芭蕉の句の見事さは、「ベタな静寂」を「水の音」によって一度否定し、さらにそれを「小さな音が鮮明に聞こえるほど静かだ」と（読み手に）一気に再否定させる言葉の強い流れ方にある。

「否定の否定」によって、「ベタな静寂」が「幽玄な静寂」に変わる。

「ベタな静寂」→「（音による）否定」→「（音から静寂への）再否定」→「幽玄な静寂」

否定の否定が、元のベタな肯定にもどるのではなく、質的な飛躍をともなった肯定へと変化する。「否定の否定の法則」である。

大河ドラマ「龍馬伝」（平成二十二年ＮＨＫ放映）はヒットを飛ばし、龍馬ブームを巻き起こした。その成功の秘密の一つは、ナレーター役である岩崎弥太郎の「語り口」にあったと思う。弥太郎は、一貫して龍馬を否定的に語る。

「龍馬は……あればあ腹の立つ男はおらんかったがじゃ……わしは、あいつが、この世で一番嫌いじゃった……」

ところが弥太郎が否定すればするほど、その否定を再否定して、肯定的龍馬像が立ち上がってくる。……というふうにドラマが仕組まれていた。

一方、高知県の「高知龍馬空港」というネーミングには、ひねりがない。どこかベタな響きがある。対して、松山市の「坊っちゃんスタジアム」には、キリッとした快い響きがある。それは、逆説的だが坊っちゃんが、松山という町を罵倒しつくしていることから来ているように思われる。

松山を「※不浄な地」とまで言いきった坊っちゃんを、地域おこしのマスコットキャラクターとして肯定したことが、結果的に「否定の否定＝ひねり」となって効いている。

芭蕉の句の法則は今も生きているのである。

※その夜おれと山嵐はこの不浄な地を離れた。船が岸を去れば去るほどいい心持ちがした。
（「坊っちゃん」夏目漱石）

6 「君の手の冷たき」のなぞ

月さへいでて
君の手の冷たきに
海の潮《うしお》の鳴ることよ
高村 光太郎

この三行詩を知ったとき、衝撃を受けた。学生時代のことだ。わずかな言葉から、物語が立ち上がってくるように感じられた。清らかでしかも官能的な響きがある。

印象深かったのは、「君の手の冷たきに」という表現だ。「冷たき」という言葉が効いている。ところが、なぜ効いているのかをうまく説明することができなかった。

教師になってから、ふと思いついて、この詩を中学一年生の授業に投げ入れてみた。すると予想を越える反応があった。

T「この詩の時はいつ？」

P「夜」

T「どうしてわかる？」

P「月が出ているから」

T「では、場所は？」

P「海のそば」

T「どうして？」

P「海鳴りの音が聞こえるから」

T「なるほど。では、この詩の登場人物は何人だろう？」

P「二人」

T「どうしてわかる？」

P「〝君の手の冷たきに〟って言ってるから、『君』と呼ばれている人と君の手をにぎっている人がいる。だから二人」

ここで、わたしの考える「読みの不文律」なるものを教えることになる。

T「では、この二人は同性だろうか。異性だろうか？」

P「異性」

T「どうしてそう思う？」
P「月が出ているロマンチックな海で、手をにぎり合うのはふつうは異性でしょう！」
T「はい。ロマンチックな夜に、男性どうしが手をにぎるという可能性もないことはないよ。でも、こういう場合は可能性の高い方を読む」

――というのが（わたしの考える）「読みの不文律」である。もし同性どうしで手をにぎっているのであれば（それはそれでいいのだけれど）作者はそのことを、何らかの形で説明する責任――「説明責任」を負う――と考えるのである。

T「では、『君』って、男性だろうか。女性だろうか」
P「女性」
T「どうしてそう思う？」
P「女性が男性の手をにぎることもないことはないけど、やっぱり男性が女性の手をにぎる可能性の方が高いんじゃないかな」
T「よし。では、もっとも大事な発問をしよう。なぜ、『君』の手は冷たかったのだろう？」

実は、答えは用意していなかった。
ところが、生徒たちからは様々な声が上がった。

「女の人の心が冷たかったから」「女の人は男を嫌っていた」という意見から、「あたりがものすごく寒かったから手が凍えた」「女は死体だった」
というものまであった。
その中に、次の発言があった。

P「女の人の手が冷たかったのは、男の人の手が熱かったからじゃないですか」

これだ、と思った。

T「そうかもしれないね。この詩の語り手は男性で、その語り手が冷たいと感じているから、読者にもひんやりした感じが伝わってくる。でも、それは語り手の手が熱かったからだ……という可能性はあるね。
でも、どうして男の手は熱かったんだろう？」

「お酒を飲んでいたから」「酔っぱらっていたから」「風邪で熱があったから」などの意見が出たあと、次の声が出た。

P「男の人は女の人が好きで、すごく熱くなっていたから」

このとき、学生時代からの疑問が氷解してゆくのを感じた。

月光の中で男は女の手を握った。

女の手の冷たさを通して自分の情熱の深さを感じとった瞬間、呼応するように海鳴りの音が轟き渡った。潮風が二人をつつんだ。

ささやかな言葉にこだわりぬくことで、作品世界が開かれてゆく。「なぞ」を見つけて「なぞ」を解く。読みの面白さはそこにある。

7 「木琴」のなぞ ①

木琴

金井　直

一

妹よ
今夜は雨が降っていて
お前の木琴がきけない

二

お前はいつも大事に木琴をかかえて
学校へ通っていたね
暗い家の中でもお前は
木琴といっしょにうたっていたね
そして　よくこう言ったね

「早く街に赤や青や黄色の電灯がつくといいな」
三
あんなにいやがっていた戦争が
お前と木琴を焼いてしまった
四
妹よ
お前が地上で木琴を鳴らさなくなり
星の中で鳴らし始めてからまもなく
街は明るくなったのだよ
五
私のほかに誰も知らないけれど
妹よ
今夜は雨が降っていて
お前の木琴がきけない

「木琴」は、長い間、中学校の国語の教科書(光村図書)に載っていた詩である。胸をうつ作品だ。静かな語り口から、戦争で妹を失った兄の悲しみがせつせつと伝わってくる。

ところが、授業者にとってはやりにくい教材である。言葉が平易すぎて、何を教えていいかわからないのである。
朗読して、時代背景等を説明すれば、他にすることがなくなってしまう。けれど、〈言葉の裏を読み取るための問答〉を仕組むことで、活気のある授業が成立するようになった。

T「第二連に『暗い家の中でも』ってあるけど、どうして家は暗かったの？　読み取れることが三つはあるよ」
P「夜だったから」
T「一つはそうだね。まだ読める。夜だって、電灯をつけていれば暗くないでしょう」
P「戦争中は、夜は爆撃されないように電灯を消していた」
T「それを何という？」
P「……　灯火管制」
T「そうだね。でも、まだ読める。内面的にも読めるでしょう」
P「心が暗かった」
P「空襲があるかもしれないと思って、家族がみんな不安になっていた。だから家の中の雰囲気が暗かった」

……というふうに、「書かれている言葉」から「書かれていない内容」を読み取ってゆく。

すると、作品世界を深く読み開くことができる。

T「冒頭の『妹よ』という呼びかけには、複数の意味が隠されています。みんなは、そのうちいくつくらいを読み取ることができるかな。ちなみに先生は五つ読み取っています」

P「えーっ！」

T「『妹よ』と呼びかけているということは、話者はどういう人物なの？」

P「兄」

T「なるほど。でも、姉かもしれないよ」

P「『お前』とか『のだよ』と言っているから、言葉づかいから考えて兄の可能性が高い」

T「そうだね。可能性から言えば、話者は兄だろう。それが第一の読みです。

ところで、『妹よ』という呼びかけをすべて『姉さん』という呼びかけに変えたら、詩のイメージはかなり変わってくるね。どう変わる？

たとえば、『姉さん　今夜は雨が降っていて　あなたの木琴がきけない』というふうにしたら？」

P「姉さんなら妹よりしっかりしている感じ」

P「話者より大人」

P「姉さんは話者を守ってくれそうな存在」

P「妹ほどはかわいそうじゃない」

T「どうしてそう言える？」
P「妹は無力だけど、姉は話者よりは大人だから」
T「では、『弟よ』に変えたら？」
P「妹より元気そうだ」
P「空襲にあっても、弟だったら走って逃げられそう」
P「やっぱり、妹ほどはかわいそうじゃない」

「姉さん」「弟よ」よりも「妹よ」の方が悲劇的なのである。「姉」は話者よりも年齢が高く、話者を保護する立場の存在である。「弟」は一定の年齢になれば徴兵の対象となり、戦闘員になる可能性を持つ。

「姉」や「弟」と比べて「妹」は、戦争に対して非力で無抵抗な存在なのだ。その妹が空襲によって命を落とす。そういう悲劇的な響きも、「妹よ」という呼びかけからは読み取れる。これが第二の読みだ。

T「まだまだ読めるよ。
『※火垂るの墓』っていうアニメを知っているでしょう。あの有名な映画に出てくる、戦争の犠牲になって死ぬ妹の名前は『節子』です。
では、『節子よ』と固有名詞で呼びかけるのと『妹よ』と普通名詞で呼びかけるのは、ど

※『火垂るの墓』スタジオジブリ制作、監督・脚本　高畑勲／原作 野坂 昭如

う違う?」

P「『節子』といったら、一人の妹のイメージが浮かぶけど、『妹よ』と言ったら、たくさんの妹のイメージも浮かぶ」

T「太平洋戦争の空襲で妹を失った人はいっぱいいたはずだ。その人たちがこの詩を読むと、自分のことを言っているように感じる。そういう表現だね。

……妹を失った人だけじゃなく、戦争で肉親を失った多くの人が、この詩の話者に自分を重ねて読むことができる。

固有名詞で呼びかけるのと違って、『妹よ』という呼びかけはどんなイメージですか」

P「一般的」

P「普遍的」

T「そうだね。それが、第三の読みです」

T「ところで、『妹よ』という呼びかけからは、その次に語られる話が予想できるよ。どんな内容ですか?

妹よ、百円貸してくれ――ではギャグになるでしょう」

P「改まった内容……」

P「重大な内容……」

T「そう。『妹よ』という呼びかけは、これから重大で、改まった内容が語られることを暗示している。兄として妹に語る、兄にしか言えない大事なこと、それがこれから語られるのではないかと予感させる言葉です。これが、第四の読みです」

T「ところで、女子の中でお兄さんやお姉さんのいる人は思い出してください。今までに、『妹よ』って呼びかけられたことありますか？」

P「……ない」

P「……ないです」

T「そう。ないでしょう、冗談で言うのは別にして。……そのことからわかることがあるよ。話者は『妹よ』っていう言葉をどこで言ってるの？　家の中。それとも通学路」

P「あっ、心の中……」

T「そうだね。心の中でささやくように呼びかけている。『妹よ』なんて、ふつう口に出して言わないですね。これが、第五の読みです。

というように、「妹よ」というわずか二文字の言葉からも、丁寧に読み解けば、たくさんの内容を読み取ることができる。読めば読むほど深く読める作品が優れた文学作品だよ」

ここまで授業した後で、作者、金井直の略歴を紹介する。

生徒たちは驚くのだが、実は、作者、金井直には妹はいないのである。この詩は虚構である。

この事実を知って、生徒たちは一瞬失望の表情を浮かべる。

そこで、「文学とは、嘘による真実への誘惑である」と語りながら、文学作品の中で虚構のはたす大事な役割を教えるのである。

その上で、次のことをつけ加える。

金井直には、同じ会社につとめていた恋人がいた。恋人は東京大空襲で命を落としている。「これは先生の主観的な読みだが……」と前置きをして、以下の仮説を提示する。

恋人が死んだ夜、詩人は夜空を見上げたのではないだろうか。空には、星が光っていた。星のまたたきが、詩人には木琴の音色のように感じられた。死んだ恋人が星の中で木琴を鳴らしているのだと。そして、この詩が生まれた。

……そんな想像をすると、「妹よ」という言葉は一種の暗号ではないかという気がしてくる。「妹」は、古語でいう「妹《いも》」ではないのか。「恋人」である。

「妹よ」という言葉の背後には、「恋人よ」という哀切な叫びが隠されているのではないか。

「今夜は雨が降っていて　お前の木琴が聞けない」……とは、いつもはお前の木琴を聞いているということである。

「聞こえない」ではなく「聞けない」というのは、今夜も聞きたいというせつない願いの表明である。妹への思いというより恋人への思い、と言った方が自然ではないだろうか。

というように、書かれた言葉から書かれていない内容を推理してゆく。このプロセスこそ、文学作品を読む醍醐味ではないかと考えている。

8 「木琴」のなぞ ②

「木琴」は、やさしい言葉で書かれた詩である。だが、奥の深い作品だ。言葉の裏に、深い物語を隠している。

この詩を読み解く過程で、〈プラマイ読み〉と名付ける読みの方法が有効であることに気がついた。

たとえば、タイトルの「木琴」である。

「木琴」のイメージを「鉄琴」のイメージと読み比べると、二通りの読みが可能になる。

肯定的に読めば、「木琴」のイメージは、材質や音の響きから「やわらかい」「素朴」「まろやか」などと読める。否定的に読めば、「もろい」「こわれやすい」とも読める。

それは、この詩のヒロインである「妹」のイメージと重なる。兄にとって「妹」は、「やわらかく素朴」で、しかし「もろくこわれやすい」存在だった、木琴のように。

さらに、「妹」のイメージは、この詩の主題である「平和」のイメージと重なる。

「平和」は「やわらかく素朴」で、しかも「もろくこわれやすい」ものだ。しかし、だからこそかけがえのない貴重なものだ、大切な妹のように。また、妹の愛した木琴のように。

……といった深い意味が、浮かび出てくる。

言葉のイメージを肯定的に読んだときには否定的に読み返してみる。否定的に読んだときには肯定的に読み返してみる。そして、二つの読みを重ね合わせる。

こういう読みの方法が作品の深層へ迫る有効な手段となる。

この方法を、生徒たちには〈プラマイ読み〉と名付けて教えている。〈プラス読み・マイナス読み〉の略である。大人が文学作品を読むときにも使える方法である。

この方法によって、「木琴」の「第四連」から、この作品の深層のテーマを読み解いてみたい。

四

妹よ
お前が地上で木琴を鳴らさなくなり
星の中で鳴らし始めてからまもなく
街は明るくなったのだよ

「妹よ　お前が地上で……」とはじまる「木琴」の第四連には、独特の余韻がただよっている。悲しく、それでいて温かい、不思議な余情である。この感じを、授業の中でうまく説明できずに苦しんだ時期がある。

あるとき、第四連の「まもなく」という言葉に目が止まった。そして、この平凡な言葉こそ、深層の物語を読み開く「鍵」だと気がついた。

「まもなく」からは、次のことが読みとれる。

「お前が地上で木琴を鳴らさなくなって」から「まもなく」街は明るくなったというのだから、「お前が死んだすぐ後で戦争は終わった」ということである。

逆に言えば、あの日の空襲さえまぬがれていれば、戦争は終わり、妹は今も生きているはずなのである。その救いようのないくやしさが、この言葉にはこめられている。

第四連にただよっている不思議な余韻の意味はそれだろう、と私ははじめ考えた。この読みを「読みA」としよう。

ところが、ある時期から次のことが気にかかるようになった。

この詩の中で、一番多く使われている言葉は、「妹よ」「お前」という「呼びかけ」の言葉である。「いたね」「言ったね」「たのだよ」という文末表現からも、この詩全体が、妹に向かって語りかけている詩であることがわかる。

話者は、妹に向かって語りかけている。この詩全体が、妹に向けて書かれた手紙のようなものなのである。

これほど妹を愛している兄が、その手紙の中で、こんなことを言おうとするだろうか。

「お前の望みどおり町は明るくなった。だがそれは、むなしい明るさ、むなしい平和だ。もうすこし早く戦争が終わっていれば、お前は死なずにすんだのに……」

——こういう兄の思いは、もし妹に伝わったとしたら、妹を悲しませるだけだろう。

妹に向かって、あえて「まもなく」という言葉を使ったからには、そこには、妹に幸せを感じさせるような、何か明るく肯定的な意味がこめられているのではないか。

そう考えるうちに、次の読みに気がついた。「まもなく」には、「読みA」とはまったく異なる思いがこめられているのではないか。

お前が星の中でも、平和を願って、木琴を鳴らすようになったから、その願いが天に届いたかのように、「まもなく」街は明るくなったのだよ、という思いである。別の言い方をするなら、「お前の貴い命と引き換えに訪れた平和なのだよ」というメッセージである。

この思いこそ、妹に向かって語りかけるにふさわしい内容ではないだろうか。この読みを「読みB」としよう。

では、「読みA」は誤りだろうか。熟考するうち、そうではないという結論に達した。「読みA」と「読みB」は同時に成立し、それによってこの詩の中に、奥深いドラマを生み出していることに気がついたのである。

妹が死に、戦争が終わった直後には、兄は運命をのろい、妹のいない平和を憎みさえしたのである。「もうすこし早く戦争が終わっていれば、お前は死なずにすんだのに……」。

この思いが兄を苦しめた。

町の明かりを見るたびに、「早く街に赤や青や黄色の電灯がつくといいな」という妹の言葉を思いだし、胸をかきむしられる思いだった。

だがあるときから、兄はその絶望的な思いを乗り越えはじめた。強い愛が、それを可能にした。

「妹は死んだ。その肉体は、木琴といっしょに灰になり、地上から消えた。でも、その尊い犠牲の上に、今の平和が訪れたのではないだろうか。妹の死は、無意味な死ではなかったのではないか。いや、無意味な死にしてはならない。この平和を大切にして生きよう。それが妹の願いに応えることではないだろうか。妹は、今も星の中で木琴を鳴らしている。その音色は、平和への永遠の願いをあらわしているのだから……」

そう思うことによって兄は、憎しみと絶望の淵からはい上がっていった。

この「内的な乗り越え」が、「木琴」の深層のテーマではないだろうか。

兄の中で、妹への愛は、個人的な愛を越え、戦争への憎しみさえも越え、普遍的な「平和への愛」へと高まろうとしているのである。

妹を愛し続けることは平和をいとおしむことだ、と兄は気がつき始めたのだ。だから兄は、本来なら否定的な意味を持つはずの「まもなく」という言葉を、逆に妹へのはなむけの言葉として肯定的に使うことができたのである。

しかし、ここで注意しなければならない。それは、「お前が地上で木琴を鳴らさなくなり、星の中で鳴らし始めてからまもなく」という表現の持つ曖昧さである。

「お前が 星の中で鳴らし始めたから」と言い切ってはいない。ここには、否定的な読み――「読みA」の可能性が色濃く残されている。

例えば、妹の死と平和の到来の重なりは、単なる偶然の一致かもしれないのである。だとすれば、妹の死には何の意味もなかったのかもしれない。――そういう否定的思いへと逆行する余地が残されている。

だが、そこにこそ、第四連にただよう不思議な余韻の秘密がある。兄は否定的な感情を、まだいっぱいひきずりながらも、それを乗り越えようとして、祈るように妹に向かって語りかけている。そこに、この詩の胸をうつ響きがあるのではないだろうか。

補足

「読み」には、二つのレベルがある。「表層の読み」と「深層の読み」である。「書かれている言葉の意味を読みとる」のが「表層の読み」。「書かれていることから書かれていないことを読み取る」のが「深層の読み」である。

「深層の読み」は、「行間を読む」、「言外を読む」等と習慣的に言われてきた読みを方法化したものである。これは、国語教育者で生活指導の実践家でもあった故大西忠治氏が、著作中で使っている用語※である。

この言葉の画期的な点は、読みの力――ひいては国語力――とはどういうものかということを、生徒たちに具体的な形で提示できるところだ。

※大西理論では、「深層の読み」をさらに三段階に区分し、①構造読み　②形象読み　③主題読みと規定しているが、本書では、単純に「言外の意味を読む」という意味としてだけ使わせていただいた。

たとえば、「古池や蛙飛び込む水の音」の「蛙」とは何か？　「蛙」は「かわず」と読み、「カエル」を意味する。これが「表層の読み」だ。けれど、「蛙」が「カエル」だとわかっても、この句を読んだことにはならない。「書かれている言葉」を手がかりにして、どれだけ深く豊かに「書かれていない内容」を読み取ることができるか。それが読みの力だ——と提示すると、生徒たちは意識的にテキストに立ち向かってくる。

大西忠治氏の著作と出会えたことは、模索期間中の最大の収穫だった。

《参考文献》
＊「入門・科学的『読み』の授業」大西忠治　明治図書
＊「文学作品の読み方指導」大西忠治　明治図書
＊「国語授業と集団の指導」大西忠治　明治図書
＊「大西忠治教育技術者作集」大西忠治　明治図書

第二章

深層読みで名作に迫る

漱石を読む

とかく名作は敬遠されがちである。

「読んでいると眠くなる。夏目漱石ってどこが面白いのかわからない」

という声は、中高生だけでなく、大人からも耳にする。

たしかに漱石の作品の中には、字面を読んだだけでは、何がいいのかわからないと感じられるものもある。

ところが、言葉の裏までふみ込んで読みすすめると、その世界が一変する。

1「坊っちゃん」――「無鉄砲」のなぞ

親譲りの無鉄砲《むてっぽう》で小供《こども》の時から損ばかりして居る。

夏目漱石の名作「坊っちゃん」の冒頭である。この一文からは、多くのことを教えられた。中学生に初めて教科書の「坊っちゃん」を授業したときは困惑した。何を教えて良いかわからなかったのである。

内容は読めばわかるように書かれている。そして面白い。ところが、授業を始めると、急につまらなくなる。

「坊っちゃんは、どんな性格だろう?」
「……そのときの坊っちゃんの気持ちは?」
「……そのときの清の気持ちは?」

などと発問すればするほど、教室の空気はしらけてゆき、やがて私語が始まり、居眠りする生徒も出てくる。

そんなことをするよりも、授業をつぶして読書の時間にし、文庫本の「坊っちゃん」を一冊まるごと読ませた方がよほど有意義だと思ったりした。

教えれば教えるほど、作品の魅力が失われてゆく授業とは一体何なのだろうか。国語とは、一体何を教える教科なのだろうか。……と悩まずにはいられなかった。

ところが、ある時期から気がついた。授業がうまくいかなかったのは、私が作品を読めていなかったからだ。

冒頭の一文で問うべきは、坊っちゃんの性格ではなかった。性格は「無鉄砲」とはっきり書かれている。それを問うても、意味はない。「読み」の面白さは、書かれていることから書かれていないことを読み取るところにある。だとしたら、発問はこうすべきだった。

「坊っちゃんの父親は、どういう性格だろう?」

実際この発問には、子どもたちは食いついてくる。

「親ゆずり」と文章にあるのだから、親も無鉄砲だったのである。ところがすこし後を読むと、不思議なことに気がつく。

　おやじはなんにもせぬ男で、人の顔さえ見れば、きさまはだめだ、だめだと、口ぐせのように言っていた。

とあるのだ。

無鉄砲な父親が、無鉄砲な息子を「だめだ、だめだ」と言うのはなぜだろう。

……というふうに、なぞを追ってゆく。そこに、読みの面白さが生まれる。「坊っちゃん」冒頭の一文は、「坊っちゃん」という作品の主題と深くかかわっている。坊っちゃんは後に、松山の中学校でこういう啖呵《たんか》を切る。

これでも元は旗本だ。旗本の元は清和源氏で、多田の満仲の後裔《こうえい》だ。

坊っちゃんの父親は、元旗本なのである。そして「なんにもせぬ男」だった。「なんにもせぬ」とは、無職を意味する。

父親は、明治維新後の世の流れ、市場主義に立つ資本主義の世の中で落後した負け組の男なのである。先祖代々の財産を食いつぶすことで生きていたが、その死後は、家屋敷も売り払われ、女中の清も解雇される。

だから父は、自分と似た性格である坊っちゃんを「だめだ、だめだ」と言ったのである。それは落後者である自分に向けられた自嘲の言葉でもあったはずだ。

……といったことは書かれていないが、読み取ることができる。

ところで、「親ゆずり」という言葉は、「親ゆずりの財産」とか、「親ゆずりの才能」というように、普通は肯定的な内容に使われる。「親ゆずりの無鉄砲」というのは、変な表現と言える。坊ちゃんが、あえてこの変な表現を使ったのはなぜだろう。

「親ゆずり」はその人物の「ルーツ」を示す言葉でもある。

坊っちゃんは、「無鉄砲」こそ、自分のアイデンティティ（存在証明）だと宣言しているのではないだろうか。

「損ばかりしている」にも、同じことが言える。「損ばかりしている」とは「俺は損得では生きてこなかった」という意味だ。損得ではなく、別の価値観で生きてきた。そのために、損をしてもへっちゃらなのだと啖呵を切っているのである。

つまり冒頭の一文には、坊っちゃんの、時代遅れではあるが憎めない「武士的アイデンティティ」が強烈に表現されている。坊っちゃんは、明治の世の「ドン・キホーテ」なのだ。

……というような読みが可能である。

あまり認知されていないが、「親譲りの無鉄砲で……」からはじまるこの一文には、物語設定上の重要な意味が隠されているのである。

2 「坊っちゃん」――「西洋ナイフ」のなぞ

小説「坊っちゃん」の冒頭近くに、坊っちゃんの無鉄砲さを表す、以下のエピソードが記されている。

ここには、授業の中で多くの中学生が興味を示す（しかし大人は意外に気がつかない）スリリングな「なぞ」が隠されている。注意してお読みいただきたい。

親類の者から西洋製のナイフを貰《もら》って、奇麗《きれい》な刃を日に翳《かざ》して友達に見せていたら、一人が、光ることは光るが切れそうもないと云った。切れぬことがあるか、なんでも切って見せると受け合った。そんなら君の指を切ってみろと注文したから、なんだ指ぐらい、この通りだ、と右の手の親指の甲《こう》をはすに切り込んだ。幸《さいわ》いナイフが小さいのと、親指の骨が堅かったので、いまだに親指は手に付いている。しかし、創痕《きずあと》は死ぬまで消えぬ。

「なぞ」とは、坊っちゃんはどちらの手にナイフをにぎっていたのかということである。

「右の手の親指」を「切りこんだ」というのだから、坊っちゃんはナイフを「左手」ににぎっていたのである。なぜだろう?

中学生との授業だと、ここで意見が二つに分かれる。

一つはA「坊っちゃんは左利きだった」という読み。

もう一つは、B「坊っちゃんは、利き腕をさけて、わざと力の入らない左手でナイフをにぎったのではないか」という読みだ。

この論争はかなり白熱する。代表的な意見を拾ってみよう。

A「『親指の骨が堅かったので、いまだに親指は手についている』と書いているから、ナイフの刃は肉を通って、骨にまでとどいている。強い力で切りつけたからだと思います。だから、ナイフをにぎっていたのは利き腕ではないでしょうか」

B「いや、最初は手加減するつもりで、左手でナイフを持ったけど、左手でも、つい勢いで強い力が加わることはあると思います」

A「『きれいな刃を日にかざして友達に見せていたら』というのは、利き腕でかざしていたと考えるのが自然です。そのときからかわれたから、そのまま衝動的に右手の甲を切りつけています。ということは、ナイフは左手で持っていて、その左手が利き腕だったんだと思います」

……というふうに、論争は決着してゆく。すると、坊っちゃんは左利きだったということになる。

ところで、これまで「坊っちゃん」は何度もテレビドラマ化されているけれど、その中に左利きの坊っちゃんがいたという記憶はない。

坊っちゃんが左利きであるという設定は、意外に知られていないようである。あるいは、知られていたとしても、意味のない些事《さじ》として注目されていないらしい。

けれど文豪夏目漱石が、作品の冒頭で、何の意味もなく主人公を左利きに設定するだろうか。この設定には、何らかのメッセージが隠されていると考えるべきではないだろうか。

「左利き」は「右利き」と対比される。右利きの人は多いが、左利きの人は少ない。「左利き」には、「少数派」という裏の意味があるのではないだろうか。

坊っちゃんは、時代に迎合する「多数派」ではなく、反骨の「少数派」として設定されている。「左利き」は、その隠された旗印ではないだろうか。

小説「坊っちゃん」の登場人物は、はっきり二派に分類される。

「多数派」＝「損得で生きている人間」と、「少数派」＝「損得ぬきで生きている人間」である。赤シャツ、野だいこは前者。坊っちゃん、山嵐は後者である。「損得」とは、近代資本主義の市場原理だ。

「親譲りの無鉄砲で、小供の時から損ばかりして居る」という冒頭の一文も、「左利き」という人物設定も、明治の世を席巻しつつあった市場原理への、反逆ないし、反骨を暗示する表現ではないだろうか。

そう考えると、「西洋製のナイフ」も「西洋起源の資本主義」を象徴するアイテムと読める。「死ぬまで消えぬ」と語られる「右手の傷」は、作者漱石が、西洋近代文明との葛藤の中で受けた心の傷を投影したもの……という読みも不可能ではないだろう。名作の細部は侮れないのである。

3「坊っちゃん」――「清との別れ」のなぞ

松山の中学校へ赴任する坊っちゃんは、東京駅のプラットホームで清と別れる。短いが心に残るシーンである。

……車を並べて停車場《ていしゃば》へ着いて、プラットフォームの上へ出た時、車へ乗り込んだおれの顔を昵《じっ》と見て、「もうお別れになるかもしれません。随分ご機嫌よう。」と小さな声で云った。目に涙がいっぱいたまって居る。おれは泣かなかった。しかし、もう少しで泣くところであった。汽車がよっぽど動きだしてから、もう大丈夫だろうと思って、窓から首を出して、振り向いたら、やっぱり立っていた。なんだか大変小さく見えた。

最後の一文に余韻がただよっている。ホームに立ちつくす清の小さな姿が心に残る。

清は、なぜ小さく見えたのだろう。わたしは単純にこう考えていた。

「坊っちゃんと別れる清は、心細そうだった。声も小さく存在感が希薄になっていた。だかの答えが返ってきた。

「距離」はこの一文を読み解くキーワードかもしれないと、直感した。汽車が「よっぽど動きだしてから」振り向いたというのだから、坊っちゃんと清の距離はたしかに遠かったのである。だから清は小さく見える。

ところが本文には、「なんだか大変……」と書かれている。「なんだか……」という言葉の意味するものは何だろう。

物理的な距離ゆえに清が小さく見えたという以上に、「なんだか=不思議なくらい」小さく見えたと言っているのである。

としたら、その距離は、物理的な距離以上の距離——心理的な距離を意味しているのではないだろうか。今別れたら二度と清に会えないかもしれない。清とすごしたあの少年時代から、自分は永遠に遠ざかりつつあるという切ない思い、その心理的距離感が、清の姿を実際以上に小さく見せていたのではないだろうか。

物理的な距離と心理的な距離。二重の距離のかなたに、清は小さく立っている……。

まだある。生徒からの意外な答えが、もう一つあった。「坊っちゃんの背は、清より高くなっていたから、自分と比べて清は小さく見えたのではないか」というのである。

これもその通りだ。坊っちゃんも今や一人前の青年である。背も、清より高くなっていたはずだ。だから逆に、清は実際以上に小さく見えたであろう。

同じことが、内面的にも言える。かつて、清は坊っちゃんにとって大きな存在だった。だが、今は坊っちゃんの方が、清にとって大きな存在になっている。

そのことが意味するのは、距離——時間的な距離だ。

長い長い年月が流れたのである。

清に愛され、清に育てられた幼い時代から、清と別れるこのときまで、長い時間が流れた。その時間的な距離のかなたに、坊っちゃんは清を見ている。

①物理的な距離
②心理的な距離
③時間的な距離

三つの距離のかなたに、清は小さく立っている。——その思いが、「なんだか大変小さく見えた」という一文に凝縮している。

ところで、この文の前に「もう大丈夫だろうと思って……振り向いたら」とある。何が大丈夫だと坊っちゃんは思ったのだろう。

「泣いても大丈夫」と思ったのである。

坊っちゃんは、「元旗本」の息子である。清に涙を見せるわけにはいかない。「おれは泣かなかった。しかし、もう少しで泣くところであった。」と書かれている。だが、清の見ていないところでなら泣いても大丈夫だろうと思って振り返ったのである。

ところが、清はあいかわらずこちらを見ていた。だから涙は急ストップした。

……清が見えなくなったとき、坊っちゃんのしたことは——「大泣き」だったはずである。

4 「こころ」とヤマアラシジレンマ

夏目漱石の「こころ」は、近代日本文学史上屈指の名作である。この作品の山場は、多くの高校教科書に載せられている。

わたしは、山場の部分だけでなく、長編小説「こころ」の全文読破を夏休みの課題にしているのだが、反応はかんばしくない。「古すぎる」「ぴんとこない」「なぜKや先生が自殺したのかわからない」といった感想が多い。

現代の高校生の感覚からすると、昔のモノクロ映画の「名作」を、強引に見せられたような気分らしい。

ところが、あるキーワードを使って作品を読み解き始めると、さっと生徒たちの表情が変わる。そして授業に身を乗り出してくる。

魔法のワードは「※ヤマアラシジレンマ」である。哲学者ショーペンハウアーの「随想録」中の寓話から生まれた言葉だと言われる。

冬の寒い日に出会った二匹の孤独なヤマアラシが、体を温め合うために抱き合って一つになろうとする。ところが、抱き合ったとたん激痛を感じて飛びさがる。お互いに最も無防備な柔

※「ヤマアラシジレンマ」L・ベラック（ダイヤモンド現代選書）

らかい肉をさらしたところを、互いの鋭いトゲで指し貫かれたからだ。二匹は激しく憎み合う。ところが、どちらも孤独な淋しいヤマアラシであるため、同じ抱擁を二度、三度と繰り返してしまう。この手ひどい経験をくり返すうち、二匹のヤマアラシはやがて適切な距離をとることを学習する、という寓話である。

ところで、二匹が一体化することに固執するあまり、抱擁を無限に繰り返したらどうなるだろう。おそらく二匹のヤマアラシは出血多量で死ぬだろう。

「こころ」は、一人の女性をめぐって二人の男が死ぬ――それも自殺するという凄惨な物語だ。二人の男――先生（と呼ばれる主人公）と親友のKが巻き込まれた葛藤こそ、ヤマアラシジレンマと呼ぶべきものである。

多くの高校生は類似のジレンマを友人間や家族との間で経験し、傷ついた経験を持っている。彼らが「こころ」の世界へ身を乗り出してくるのはそのせいだ、と考えている。

以下、先生とKの関係を考察する。

先生と親友Kは、下宿先のお嬢さんを同時に愛し、それゆえに葛藤する。

先生は、自分がお嬢さんを愛していることを隠して、Kに恋の断念を迫る。そしてKを出し抜いてお嬢さんと婚約する。

その事実を知った直後にKは自殺する。先生は深い罪の意識を感じて苦悩する。

後になって先生は、自分を師と慕う若者（「こころ」の語り手）宛に長い遺書を書き、この出来事の詳細を告白して、自ら命を絶つのである。

教科書に掲載されているのは、「先生の遺書」の後半部分だ。

先生とKは強い「一体感」によって結ばれていた。


山で生捕《いけど》られた動物が、檻《おり》の中で抱き合いながら、外を睨《にら》めるようなものでしたろう。


と書かれている。

この「山で生捕られた動物」がヤマアラシであったと考えれば、二人の関係を読み解くことができる。

大学生である先生とKは、※同じ下宿でふすま一枚をへだてて暮らしていた。二人は幼なじみで、一心同体と言っていいほどに仲がよい。「お前のものはおれのもの。おれのものはお前のもの」という関係である。

Kの下宿代は先生が出しているのだが、Kは大きい顔をして暮らしている。「お前のものはおれのもの」だからである。

一方、先生は大学から帰るとKの部屋を通り道にして自分の部屋に入る。Kにはプライバシーがない。しかしKは平気である。「おれのものはお前のもの」だからである。

※神経衰弱に陥り、経済的にも窮困していたKを、先生は半ば強引に連れて来て同居生活を始めていた。

二人は、難解な哲学論議はするが、普通の〝おしゃべり〟はあまりしない。次のような記述がある。

「……私(先生)は半ば無意識においと声を掛けました。すると向こうでもおいと返事をしました。Kもまだ起きていたのです」(括弧内は筆者)

「……私はまた半ば無意識な状態で、おいとKに声を掛けました。Kも以前と同じような調子で、おいと答えました」

「おい」という言葉だけでコミュニケーションが成立するのである。

次のような表現もある。

不断《ふだん》もこんなふうにお互いが仕切り一枚を間に置いて黙り合っている場合は始終あったのですが、私はKが静かであればあるほど、彼の存在を忘れるのが普通の状態だったのです……

なぜ先生は、Kの存在を忘れていられるのか。

それは、Kが先生にとって他者ではなく、自己の一部であるからだ。自己の身体の存在をふだんは忘れているのと同じである。

文字通り二人は「一心同体」なのである。これは、日本人が近代以前から引きずってきた特殊日本的な人間関係である。

この関係を「※甘えの構造」と名付けて考察したのは精神科医の土居健郎氏だが、漱石はこの命名がなされる以前から日本人のこういう心的傾向を強く意識していた。

日本の「開化」(近代化)はゆがんでいる。外面的、制度的な「上滑り」の近代化には成功したが、日本人は内面的には前近代のままである、というのが漱石の基本認識である。(※講演記録「現代日本の開化」)

ところがこの関係――甘えの関係から、どちらかが自立しようとすると、それは他方にとっては痛烈な〝裏切り〟と感じられる。その葛藤が、「ヤマアラシジレンマ」である。

相手の中に発見した「他者性」が、ヤマアラシのトゲとなってお互いを深く傷つけるのである。

ある日、Kは突然先生の部屋に入ってきて、自分はお嬢さんを愛している、と告白をする。

先生は衝撃を受ける。

先生の確信するところでは、お嬢さんは自分ではなくてKを愛していたからだ。それでも先生がかろうじて心の平穏を保っていられたのは、Kの方はお嬢さん――というより女性一般――に対して全く関心を持っていないと信じていたからだ。二人には接点がない、と思っていたのである。Kは学問一筋の人物だった。ところが、Kの方もお嬢さんを愛しているのなら、二人

※「甘えの構造」土居健郎(弘文堂)
※「現代日本の開化」・「漱石文明論集」(岩波文庫)所収

は〝相思相愛〟だということになる。そのことに二人は気づいていないだけなのだ。先生の思いこみの中では、二人が結ばれるのは時間の問題であり、先生がお嬢さんと結婚する可能性は絶たれたことになる。

注目すべきは、Kの告白を聞いたあとの先生の心の動きである。

私には第一に彼が解《かい》しがたい男のように見えました。どうしてあんなことを突然私に打ち明けたのか、またどうして打ち明けなければいられないほどに、彼の恋が募《つの》ってきたのか、……すべて私には解《かい》しにくい問題でした。……これから先彼を相手にするのが変に気味が悪かったのです。……私には彼が一種の魔物のように思えたからでしょう。

一心同体であった親友Kが、突然「解しがたい男」になり、「魔物」のように見えてくる。これがヤマアラシジレンマである。

お互いがお互いを自己の一部とみなしているため、相手が自分に都合の悪い心情を持つ可能性が想像できない。だから、いったん相手が「自己の一部」ではありえない言動に出ると、「魔物化した」と感じる。そして〝裏切られた〟という強烈な被害感情を持つ。

同じことはKの側からも言える。

先生にお嬢さんへの恋心を告白したKだが、先生のお嬢さんに対する想いには全く気づかない。先生はこう書いている。

私は苦しくって堪《たま》りませんでした。おそらくその苦しさは、大きな広告のように、私の顔の上に判然《はっきり》した字で貼《は》り付けられてあったろうと私は思うのです。

Kは、先生の顔の明白な変化に気づかなかった。Kにとって先生は他者ではなく、自己の一部と認識されていたからだ。「自己の一部」には気を遣う必要がない。

先生とKは、相手が他者であることが認められない関係なのだ。お互いの「他者性」が「ヤマアラシのトゲ」となってお互いを刺す、実はきわめて危険な関係だったのである。

こうして始まった恐るべき葛藤は、最終的に二人の悲劇的な死をもって終わる。

先生の遺書を読み終えた若者（語り手）が、先生の投げたボールをどう受け止め、その後どう生きていったかは描かれていない。

このボール――「近代日本人の心の闇」という問題は、先生から若者を通して読者に向かって投げられたものである。

先生もKも、近代と前近代の間で引き裂かれた存在だった。上半身は近代人だが、下半身は前近代人なのである。意識的には近代的な自我を確立しようとしながら、無意識的には前近代的な一体感――甘えの関係――を求めている。この矛盾から、予期せざる葛藤に巻き込まれたのである。

近代と前近代。自立と甘え。両者の矛盾は、現代の日本人にとってもリアルな問題である。漱石の言葉を借りて言えば、「外発的な開化」には成功しても、「内発的な開化」を経験していない日本人は、現在もこの構図の中で呻吟《しんぎん》している。

「こころ」が投げかける問題は深くて新しいのである。

5　「こころ」と「竜馬がゆく」

今回は「こころ」（夏目漱石）との関連で、意外な作品について触れてみたい。

司馬遼太郎の「※竜馬がゆく」と夏目漱石の「こころ」は、大学生の〝感動した本ベストテン〟に入る名作である。だが作品の性格は、全く異なる。

ところがこの両作の読後感が、なぜかよく似ていると、生徒たちから聞いたことがある。そのときは、とっぴな感想だと思って聞き流した。

ところが最近、私自身が両作品を読み返す機会があり、同じ感想を持った。

凄惨なラストシーン。にもかかわらず残る一種清らかな余韻。……何かが似ているのである。

これはどうしたことだろう。考えるうちに一つの仮説が浮かんだ。

「竜馬がゆく」と「こころ」は、物語構造が似ているのである。

そのポイントは「師弟関係」だ。

「勝海舟――竜馬」の関係と、「先生――私（語り手の若者）」の関係は、よく似ている。

なぜ、これまでそのことに気がつかなかったのだろう。

※「竜馬がゆく」司馬遼太郎（文春文庫）
司馬遼太郎は「竜馬がゆく」の中で、「坂本龍馬」を「坂本竜馬」と表記している。ここでは、この表記に従う。

「勝海舟と坂本竜馬」は、政治的人間である。政治的に生き、政治的に死んでいった人物として描かれている。けれど「先生と私」は、非政治的、非社会的に生きる内面的人間として設定されている。

別次元の物語としか思えなかったのは、そのためだ。だが、「社会性」を捨象《しゃしょう》して二作品を比較すると、類似性が見えてくる。

「勝海舟―竜馬」の関係を五十年スライドさせると「先生―私」の関係になる、といってもいいだろう。

「竜馬」も「私」も、地縁血縁関係を越えたまったくの他者を師とあおぎながら、自分探しを行っている。政治青年の自分探しと哲学（文学）青年の自分探しは、ずいぶん様相は異なるが、自分探しである点では同じである。

どちらも「押しかけ弟子」だが、弟子となるために大きな犠牲を払っている。竜馬は家族を捨てて脱藩し、「私」は危篤の父を見捨て先生の手紙をふところに上京してゆく。

幕臣勝海舟は、江戸城を無血開城して徳川家を終わらせ、一種の政治的自殺を決行する。（竜馬の死後のできごとだが、「竜馬がゆく」中でも言及される）。

一方、先生は明治の精神に殉じて自ら命を絶つ。

まったく傾向の異なる二つの物語に、なぜこういう類似点が見い出せるのだろう。

それは、二つの作品が同じテーマ「青年期」を描いたものだからではないだろうか。

坂本竜馬は、「青年期」と呼ばれる人生の一時期を、日本で最初に生きた人物である。

それまで日本には、二種類の人間しか存在しなかった。「子ども」と「大人」である。子どもは時代が終わると即座に大人になり、大人としての責任が課せられる。子どもでもないし、大人でもない。――そういう人間は存在しなかった。

ところが、竜馬の成長の仕方は特異である。大人にならないのである。かわりに大きく揺れる。自分が何者であり、何をなすためにこの世に生まれてきたのかを、迷いつつ模索し続ける。これが「青年期」だ。

そのプロセスで、師勝海舟との出会いがあり、学びがある。さらに別れがあり、師に対する一種の乗り越えもある。

このプロセスは、「こころ」における「私―先生」の関係と酷似している。

これは何を意味しているだろう。

「今は何者でもないけれど、何者にでもなりえる可能性を生きる人生の一時期」――つまり「青年期」を描いた二つの典型的物語――それが、「竜馬がゆく」と「こころ」だったということではないだろうか。

読後感が似ている理由はそこにあるのではないか。

坂本竜馬は本当に偉かったのだろうか。

薩摩藩に雇われた一種の工作員だったのではないか。――等の見解も出されている。ブームのせいで、竜馬株があまりに上がったため、逆に暴落の危惧も感じる。

けれど、仮に竜馬の政治的業績が無《む》だったとしても（そんなことはありえないが）、竜馬が日本で最初に「青年期」を生きた人物であるということ、これは動かざる事実である。

それは竜馬が実際に書き残した——そして「竜馬がゆく」中で繰り返し引用される——多くの手紙によって実証されている。

「竜馬がゆく」という物語には、〝日本の青春〟の原型が刻まれている。この作品が日本人に愛されてやまない本当の理由はそこにあるのではないだろうか。

「舞姫」を読む

「舞姫」（森鷗外）の授業は、これまでに五回行なっている。

最初の授業から五回目の授業をするまでに、二十年以上経っている。

驚くことは、授業をするたびに新しい発見をすることである。

これまで、たくさんの先行実践に学び、いろいろな解説書に目を通してきた。

それでも、やる度にまったく新しい読みを発見する。それだけ奥の深い言葉でつづられているのである。

1 「石炭をば……」のなぞ

日本の近代文学は、次の一文から始まったと言われる。

石炭をばはや積み果てつ。

＊石炭を早くも積み終わってしまった。

日本最初の近代小説と言われている森鷗外の「舞姫」の冒頭である。踊り子エリスを捨てて日本に帰国する太田豊太郎が、サイゴン港に停泊する船の中で回想を始める有名な場面だ。

印象的な語り出しとしても知られている。緊迫した独特の余韻が短い一文からただよい出ている。

けれど、「この余韻がいいよね」と授業でいくら語っても、生徒たちにはぴんと響かなかった。つまりうまく説明できなかった。

※「『石炭をば…』のなぞ」と「『余一人のみなれば』のなぞ」は、大西忠治編　加藤郁夫著「『舞姫』の読み方指導」（明治図書）を参考にした授業である。

あるとき気がついた。この一文にはいくつかの「なぞ」があることに。

たとえば、豊太郎はどうして、石炭積み込み作業が終わったことに気がついたのだろう。生徒たちに聞いてみると、当然のように「見ていたから」という答えが返ってくる。ところが第二文を見ると……

※中等室の卓《つくゑ》のほとりはいと静かにて、※熾熱燈《しねつとう》の光の晴れがましきもいたづらなり。

豊太郎は中等室にいるのである。石炭積み込みの作業現場と豊太郎は船室の壁によってへだてられている。目で見ることはできない。

では、どうして豊太郎は作業終了に気がついたのだろうか。

ここまで言うと、生徒たちは、

P「耳でわかった」
P「あたりが静かになったから」
P「音が消えたから」

と答える。

※中等室……一等ラウンジ
※熾熱燈……白熱電灯

T「そうだね。積み込み作業にともなう轟音や船員たちのかわす大声の指示や合図が聞こえなくなったからだ。急にあたりがシーンと静まり返った。
　すると、轟音と静寂の対比が最初の一文には隠されているということになるね」

……と説明すると、生徒たちは納得する。「なぞ」を見つけて、「なぞ」を解く。この読みのアプローチは、余韻、余情といった「言外の表現」を読み解く上でも有効である。

もう一つのなぞは「はや」という二文字にある。

なぜ、

　石炭をば積み果てつ。

ではなく、

　石炭をばはや積み果てつ。

なのか。

T「石炭の積み込みが終わったら船はどうなる？」

P「出港する」
T「どこへ向かって?」
P「日本へ」
T「『帰心矢の如し』という言葉もあるけれど、日本への帰国途上にある豊太郎なら『やっと積み終わった』と言う方が自然じゃないだろうか。『はやくも積み終わった』と言うのはどうしてだろう。豊太郎は日本へ帰航することを?」
P「喜んでいない」
T「そうだね。すくなくとも、日本への出港を待ちわびている感じじゃない。まだ読めるよ。『はやくも……』というふうに豊太郎がハッと気がついたということは、逆に言えば、それまでは豊太郎はどうだったの?」
P「ぼーっとしていた」
P「考え事をしていた」
T「何を考えていたのだろう」

……もちろん、エリスとのことである。豊太郎は、発狂したエリスを捨てて日本に帰ろうとしている。

なぜ、「なぞ」はまだある。「果て」という二文字の意味だ。

石炭をばはや積みつ。

ではなくて、

石炭をばはや積み果てつ。

なのか。

「果てつ」という表現には、「終了」を強調する響きがある。石炭の最後の一個まで積み終わった、というような。

生徒たちがよく使う「終わった……」という言葉がある。例えば、「半期試験、どうだった?」と聞くと、「終わった……」と答える。もうどうしようもない、という意味である。それに似た響きである。

つまり、エリスとの恋が完全に終わってしまったという感慨だ。船が出港すれば、エリスのもとへ帰ることは二度とない。

①轟音と静寂の対比

②物思いからのふいの覚醒

③気がすすまない出港
④エリスとのことが完全に終わってしまったという思い

一文にはすくなくとも、これだけの意味が隠されている。それが独特の余情となってただよい出ているのではないだろうか。

名作の細部は熟読に値する。

❖補足❖

「舞姫」で描かれる主要な事件は豊太郎とエリスの出会いと別れだが、詳しく見ると、物語は次のようなエピソードから構成されている。

①「サイゴン港の船中ではじまる回想」
↓
②「豊太郎の生い立ち」
↓
③「ベルリン留学」

↓④「いわゆる近代的自我の覚醒」
↓⑤「日本人仲間からの豊太郎の孤立」
↓⑥「エリスとの出会いと同棲生活」
↓⑦「親友相沢謙吉からの忠告」
↓⑧「天方《あまがた》大臣からの帰国の誘い」
↓⑨「エリスとの悲劇的な別れ」
↓⑩「日本への帰国」

その中で、サイゴン港の船中の場面は、たんなる前置きとして読み流されやすい。ところが、この短い文章には様々な意味が隠されている。作品の深層に迫る上で、読み飛ばせない部分である。

2 「余一人のみなれば」のなぞ

「舞姫」冒頭の読みを続ける。

石炭をばはや積み果てつ。中等室の卓《つくゑ》のほとりはいと静かにて、熾熱燈《しねつとう》の光の晴れがましきもいたづらなり。今宵は夜ごとにここに集ひ来るカルタ仲間も「ホテル」に宿りて、船に残れるは余一人のみなれば。

＊石炭を早くも積み終わってしまった。中等室のテーブルのほとりは静まり返って、文明の利器である電灯の明かりの晴れがましさも、かえって無駄である。今夜は夜ごとにここに集まってくるトランプ仲間もホテルに泊まって、船に残っているのは私一人だけであるからだ。

踊り子エリスを捨てて、天方伯爵とともに日本に帰国する太田豊太郎が、サイゴン港に停泊する船の中で回想を始める場面だ。
あるとき、生徒から次のような質問を受けた。

P「余(豊太郎)は、なぜ一人で船に残っているのですか?」

思ってもみなかった質問で、答えることができなかった。ところが今ではこの「なぞ」に、作品の根本にかかわる意味が隠されていると考えるようになった。
そして、次のように授業を展開している。

T「この部分、逆に考えてみよう。余以外の船客たちは、どうして船を降りてホテルに泊まったのだろう?」
P「……」(答えられない)
T「船客たちが泊まるホテルでは何料理が出ると思う?」
P「ベトナム料理……」
T「と思うでしょう。ところが違う。この時代のベトナムはヨーロッパのある強国の植民地だった。何という国でしょう」
P「イギリス」

T「……ではありません。ヒント。ベトナムのことを〝インドシナ〟って言ってました」
P「あっ、仏領インドシナ。……フランス」
T「ということは、ホテルで出されるのは？」
P「フランス料理」
T「そう。この時代、サイゴン——今のホーチミン市は〝小パリ〟と呼ばれていたんだ。港のまわりにはフランス人が経営するホテルが建ち並んで、パリを思わせる華やかさだったそうだよ。
　で、さらに想像してください。フランス料理のあるところには、どんな飲み物が出されるだろう」
P「……ワイン」
P「シャンパン」
P「ブランデー」
T「そうです。そして、そういうお酒のあるところには、誰がいる？　大人むきの質問でごめんなさい」
P「女の人」
P「ホステスさん」
T「そう。美しい女性もいっぱいいいるはずだ。だから、みんな船を降りるんだね。第一、ホテルだと船酔いの心配がないからね。
――すると、変なことに気がつくだろう。何が変？」
P「どうして、豊太郎は一人だけ中等室に残っているのかってこと」
T「そうだね。この船には、上司の天方伯爵も親友の相沢謙吉も乗っている。彼らは下船するときに、当然どうしたと思う？」
P「豊太郎を誘った」
T「そう。いっしょに降りようと誘ったはずだ。なのに、豊太郎は一人で中等室に残っている。つまり豊太郎は誘いを？」
P「断った」
T「何と言って断ったの？」
P「……体調が悪いので、とか」
T「だったら、病院に行こうって言われるんじゃないかな。これは、強くきっぱりと断ったはずだ。『私には船に残ってしたいことがあります』と。
……実際、豊太郎にはすることがあったんだ。それは何でしょう？」
この問いに対する答えは、冒頭から少し離れた部分に書かれている。
……こたびは道に上りしとき、日記ものせんとて買ひし冊子もまだ白紙のま

まなるは……いで、その**概略**を文につづりてみん。

＊今回は、帰国の旅に出たとき、日記を書こうと買っておいたノートもまだ白紙のままであるのは――略――さあ、その（日記を書けない）理由を文章につづってみよう。

ここから豊太郎の告白が始まる。

つまり豊太郎は、エリスとのいきさつを白紙の冊子につづるため、船に残ったのである。つづることによって、自分の心を整理しようとしていた。

だが、冊子に向かった豊太郎の筆は動かなかった。つらくてつづることができなかったからだ。

そのとき、船内が静まり返った。石炭の積み込み作業が終わったのである。

「石炭をばはや積み果てつ」――しまった。このままでは、心の整理をつけないままに、日本へ帰国することになる。

この緊迫した思いから「舞姫」という物語は語られ始める。冒頭の一文にはこういう切迫感も、こめられているのである。

3　豊太郎の反抗期のなぞ

森鷗外の「舞姫」は、高校教科書に載る作品の中でも名作中の名作と言われている。だが、生徒泣かせ、教師泣かせの作品でもある。

擬古《ぎこ》文という文体のわかりにくさもあるが、主題とのかかわりで言及される「※近代的自我の覚醒」という難解な用語《ターム》。これが鬼門なのである。

主人公である若きエリート官僚、太田豊太郎はドイツ留学中に、「近代的自我」に覚醒する。そのため上司からにらまれ、日本人留学生仲間からは孤立してゆく。この孤独感ゆえに、豊太郎は踊り子エリスとの悲劇的な恋へのめりこんでゆく。

豊太郎がエリスとの恋に落ちる前提が「近代的自我の覚醒」なのである。

以下がその核心部だ。

今二十五歳になりて、既に久しくこの自由なる大学の風に当たりたればにや、心の中なにとなく穏やかならず、奥深く潜みたりしまことの我は、やうやう表

※「舞姫」中で語られる「まことの我」の自覚は、指導書等の中で「近代的自我の目覚め」として説明されることが多い。

に現れて、昨日までの我ならぬ我を攻むるに似たり。

＊今二十五歳になって、長い間自由な大学の風に吹かれていたからだろうか、心の中がなんとなくおだやかでない。奥深く隠れていた本当の自分が、しだいに表に現れて、昨日までの自分ではない自分に攻めかかってくるように感じられる。

「近代」の対義語は「前近代」である。

（明治維新以前の）前近代社会では、人々は、「自分」というものを、家の一部、藩の一部、村の一部、つまり共同体の一部としてしか意識していなかった。だから、家のため、藩のため、村のため、（維新後は）国家のために生きることが、人々にとっての至上価値だった。

ところがドイツの大学の自由な雰囲気に触れた豊太郎は、「家の一部でもなく、国家の一部でもない自分」を意識し始める。

そして家や国家に対して、批判的で反抗的な目を向けつつ、新しい生き方を模索し始める。

しかしそれは、前近代的な日本社会の中では異分子となることであり、危険な位置に身をおくことでもあった。

「舞姫」で描かれた豊太郎の「自我の目覚め」は、明治期の先進的知識人の「自我意識の誕生」をリアルに作品化したものと言えるだろう。

ところがこの説明は、生徒たちの胸にはすっきりと落ちない。

「奥深く潜みたりしまことの我」や「昨日までの我ならぬ我」といったテキスト中の言葉も、わかるようでわからないらしい。

なにより「近代的自我の覚醒」が、現代の※高校生の人生と関係があるのかないのか、ピンとこないのである。

初めて「舞姫」の授業をしたときは、教壇の上で途方に暮れた。「近代的……」の説明を始めると、生徒たちの目がうつろになり、一人、二人と授業から下りてゆく。

ところが、何度目かの授業をしたとき、生徒たちの感想の中に、ハッとするような見解を見つけた。

豊太郎の「自我の目覚め」というのは、中学二年ごろの自分とよく似ていると思った。あのころは反抗期だったので、親や先生にいろいろと反抗して困らせた。豊太郎は、二十五歳にもなって、まだ反抗期しているのかと思って、あきれてしまった。

なるほどと思った。豊太郎の「穏やかならぬ」心は、たしかに反抗期の心理として説明できる。

教育学に「※自分くずし」という言葉がある。

子どもは、親や教師からほめてもらうために、幼児期から必死になって「良い子」を演じる。

そうやって「良い子」の自分をつくってゆくのである。

※「舞姫」は、高校三年時に教えられることが多い。
※「子どもの自分くずしと自分つくり」竹内常一（東京大学出版会）

ところがこのつくられた「良い子」のままでは、自立した個人として社会の中を生きてゆけない。

そこで、ある時期から子どもは「自分くずし」を始める。つくられた「良い子」の自分を解体して、新しく「自立した自分」をつくりだそうとあがき始める。これが思春期＝反抗期だ。この時期の中学生は、教師の名前を呼び捨てにし、母親に向かって「くそばばあ！」と罵声を浴びせる。しかし内心は、きわめてナイーブで傷つきやすく、孤立感にとらわれやすい。精神的に大きく揺れるこの時期に子どもたちは自立のきっかけをつかむ。

たとえば以下に描かれている豊太郎の内面は、すこぶる中学生的だ。

> 余はひそかに思ふやう、我が母は余を活《い》きたる辞書となさんとし、我が官長は余を活きたる法律となさんとやしけん。辞書たらんはなほ堪ふべけれど、法律たらんは忍ぶべからず。

＊私の母は私を「生き字引」にしようとし、私の上司は私を「歩く法律」にしようとしていたのではないか。「生き字引」となるのはまだ耐えられるが、「歩く法律」になることには我慢がならない。

同趣旨の表現が、「舞姫」中にはくり返し現れる。きわめつけは、以下のストレートな告白である。

余が幼き頃より長者の教へを守りて、学びの道をたどりしも、……みな自ら欺き、人をさへ欺きつるにて、人のたどらせたる道を、ただ一筋にたどりしのみ。

＊私が幼いころから目上の者の教えをよく守り、学問の道を励んできたのも、……みな自分をだまし、人までだましていたのであって、結局人の敷いたレールをただ走らされてきただけのことである。

これらは、「我ならぬ我」にいらだち、怒り、これを呪っている言葉だ。典型的な「自分くずし」の心理である。

「我ならぬ我」は、親や上司によってつくられてきた「良い子の自分」と考えられる。そして「奥深く隠れたりしまことの我」は、「主体的で自律的な本当の自分」と言えるだろう。

そう考えると、「……奥深く潜みたりしまことの我は、やうやう表に現れて、昨日までの我ならぬ我を攻むるに似たり」という言葉は、すっきりと理解できる。

「これまで意識していなかった『主体的な自分』が目を覚まし、親や上司によってつくられてきた『良い子』の自分を攻めたてているように感じられる」

はじめからこう言えばよかったのである。

この説明は、生徒たちには非常にわかりやすいようだ。自分たちがくぐりぬけてきた思春期の心理とリアルに重なるからだろう。

わたしは、授業の中で「思春期論」を語るようになった。

ところがこう説明しても、生徒たちの顔には依然として釈然としないものが残るのである。……それは、豊太郎が明治時代の高級官僚であり、二十五歳の社会人であるということからきている。

当時としては立派な大人である豊太郎が、なぜ中学生の反抗期のような「幼い」心理を生きているのかということだ。しかもそれが、「近代的自我の覚醒」という大げさな言葉で呼ばれる。そのことの意味がわからないのである。

この疑問に答えるには、発想の転換が必要だ。豊太郎が中学生的なのではなくて、中学生が「豊太郎的」なのだと考えてみるのである。

現代の中学生たちは、(豊太郎が象徴する)明治期の先覚者たちの経験した「自我の覚醒」を、百年遅れで追体験しているのではないだろうか。

以下、わたしの仮説である。

前近代社会には、二種類の人間しかいなかった。「大人」と「子ども」である。大人でもない、子どもでもないという「青年期」は存在しなかった。当然「反抗期」もなかった。たとえば、江戸時代の武士の家で、十代の少年が母親に反抗して「くそばばあ！」と叫ぶといったことはなかったであろう。

子ども時代が終わると、人々はそのまま大人になったのである。個の意識を育てる青年期がないために、「大人」たちは、「自分」の存在を「家の一部」「藩の一部」「村の一部」としてしか意識できなかった。

そういう封建社会の中から、「家の一部」でもなく「国家の一部」でもない「自立した自己」の意識を持った個人が出現することは一種の革命だったに違いない。それは、一般大衆の経験できることではなかった。選ばれた個人にだけ「青年期」は特権的に与えられたのだ。

とはいえ、西洋に留学し、近代の空気を呼吸する豊太郎のような選ばれた人間にとってさえ、「自分くずし」は冒険だった。

江戸時代に幼年期をおくった明治初期の「大人」である豊太郎は、思春期も青年期も経験していない。豊太郎が、現代の中学生のような幼い「反抗」によって、「自我の目覚め」を表明し始めたのは、無理からぬことだ。それは当時の日本社会においては、十分に危険なふるまいだったのである。

日本の「青春」はこのようにして始まったのだ。それは、「近代的自我の覚醒」という「大げさな」言葉で呼ぶにふさわしい精神的偉業だった。その偉業を現代の中学生たちは、それと知らずに十代で継承しているのである。——ここまで語りこんで、はじめて生徒たちの顔に納得の表情が浮かんだ。

中高生たちの表明する違和感を受けとめて、その由来を読み解いてゆく。するとわたしたち大人にとっても、思いがけない豊かな読みの世界が開けてくるのである。

4 青い目のなぞ

「舞姫」中で、主人公の太田豊太郎と踊り子エリスが出会う場面は、印象的である。ベルリンに留学中の豊太郎はある日、貧民街の教会の前で「閉ざしたる扉によりて」泣いている少女を見かける。豊太郎は思わず声をかけ、少女はふり返る。少女の目は、信じられないほど美しかった。

この青く清らにて物問ひたげに愁《うれひ》を含める目の、半ば露を宿せる長きまつげにおほはれたるは、何故《なにゆゑ》に一顧したるのみにて、用心深き我が心の底までは撤《てつ》したるか。

*この青く清らかでもの問いたげに憂いをふくみ、涙をやどした長いまつ毛におおわれた目は、どうして一瞥《いちべつ》しただけで用心深いわたしの心の底までしみ通ったのだろうか。

一人の女性の目をこれほど精密に描写した小説は他にないだろう。

「青く」「清らにて」「物問ひたげに」「憂いを含める」目で、しかも「半ば露を宿せる」「長き睫毛におほはれたる」目である。

この目が豊太郎の心をとらえた。豊太郎は、この瞬間から恋に落ちる。

ところが初めて「舞姫」の授業をしたとき、生徒たちの感想の中に疑問の声があった。

エリスは豊太郎と出会ったときに、家庭の事情を全部話している。私だったら知らないおじさん――それも外国人のおじさん（おにいさん？）に、家庭の事情を話したりゼッタイしない。それがとても不思議だった。

この疑問は、青い目の描写に続く次の部分にむけられたものだ。

彼（エリス）は驚きて我が黄なる面をうち守りしが、我が真率なる心や色に現れたりけん。「君は善き人なりと見ゆ。彼のごとくむごくはあらじ。また我が母のごとく。」しばし涸《か》れたる涙の泉はまたあふれて愛らしき頬《ほほ》を流れ落つ。

「我を救ひたまへ、君。我が恥なき人とならんを。母は我が彼の言葉に従はねばとて、我を打ちき。父は死にたり。明日は葬《ほうむ》らではかなはぬに、家に一銭の貯《たくはへ》だになし。」

後は欷歔《ききょ》の声のみ。我が眼《まなこ》はこのうつむきたる少女《おとめ》の震ふ項《うなじ》にのみ注がれたり。

（括弧内は筆者）

＊彼女は驚いて、ドイツでは見慣れない黄色人種の私の顔を見つめたが、真剣な気持ちが顔に現れていたのだろうか。「あなたはよい人だわ。あの男みたいに残酷じゃない。それに、うちの母さんみたいに。」しばらく枯れた涙の泉はまたあふれて愛らしい頬を伝わって落ちた。

「助けてください、あなた。わたしは、恥知らずな人間になろうとしています。母はわたしがあの男の言う通りにならないからといって、わたしをぶちました。父は死にました。明日は葬式だというのに、家に一銭の貯えもありません。」

あとはすすり泣きの声のみ。わたしの目は、このうつむいた少女の震えるうなじにだけ注がれていた。

たしかにエリスは、初対面の豊太郎に家庭の事情をさらけだし、（断片的にではあるが）全てを打ち明けている。

それも、父の葬儀の費用を捻出《ねんしゅつ》するため、母から身を売ることを強いられているという深刻な内容である。ふつうに考えれば、初対面の相手に打ち明ける話ではないだろう。

ところがこの部分を丁寧に読み返すと、エリスのふるまいの内的な理由が見えてくる。

そこでこの部分を、今では次のように授業している。

T「エリスは、初対面の東洋人である豊太郎に、家庭の事情を全部話している。これは不自然なことだろうか。

……よく読めば、そうでもないってことがわかるよ。エリスが家庭の事情を打ち明けたのは、エリスなりの理由があったからだ。

エリス自身は、それをどう言っているだろう？　エリスの言葉の中から見つけてください」

P「……『君は善き人なりと見ゆ』」

T「そのとおり。豊太郎を〝善き人〟だと判断したからだ。だから家庭の事情を打ち明けた。なぜエリスは豊太郎を〝善き人〟だと思ったんだろう。その根拠が大事だ。これも読み取れるよ。本文中のどこからわかる？」

P「……『彼のごとくむごくはあらじ』」

P「……『また我が母のごとく』」

T「つまりエリスは豊太郎と〝彼〟を比べたんだ。

〝彼〟というのは、後でエリスの口から語られるけど、エリスが所属しているビクトリア座の座頭のシャウムベルヒのことだ。このシャウムベルヒと対比して、豊太郎は〝善き人〟と判断された。母のことも言ってるけど、副次的だね。

——なぜエリスは、シャウムベルヒと比べて豊太郎を〝善き人〟だと思ったのだろう？これも読み取れるよ」

P「……」（答えられない）

T「エリスは、瞬間的に二人の男の何かを比べたんだ。何を比べたと思う？　ヒント。身体の一部です」

P「あっ、目です」

T「どうして目だとわかる？

ヒントは、さっきの『この青く清らにて物問ひたげに愁ひを含める目《まみ》の……』というなが〜い描写だね。この描写が成り立つには条件がある。二人ともかなり長い間、目を……」

P「……そらさなかった」

T「そのとおり。どちらかが目をそらしたら、この長い描写は成り立たないよね。ということは、二人は？」

P「……見つめ合っていた」

T「そう。かなりの間、二人はお互いの目の中を見つめ合っていたんだ。

豊太郎はおそらく、なんて美しい目なんだと思って見つめた。

エリスは、シャウムベルヒの目と比べていたんだ。そして、この人は良い人だと確信した。シャウムベルヒとは全く違うと。……女の直感だね。では、シャウムベルヒはどんな目をしていたの？」

P「むごい目」

T「そう。冷酷な目だね。だったら逆に、豊太郎はどんな目だったんだろう？」

P「やさしい目」

P「澄み切った目」

P「純粋な目」

T「だからエリスは、豊太郎を信頼した。そして家庭の事情を打ち明けた。……そう考えれば、エリスのいきなりの告白も、すこしは理解できるよね。

でも、みんなはまだ納得しないだろう。はじめて出会った外国人にあんなことまで話すだろうかって疑問はやっぱり残るね。

実は、エリスが豊太郎を信頼した理由はもう一つある。

ヒントその1。エリスの目の描写の中に『もの問ひたげ』という表現があっただろう。エリスは、目で何かを問いかけていたんだと思う、豊太郎に。一体何を問いかけていただろう？」

P「……」（答えられない）

T「では、ヒントその2です。

エリスと豊太郎が出会った場所はどこだった？」

P「教会の前」

T「なぜエリスは教会の〝閉ざしたる扉〟にもたれて泣いていたの？」

P「あっ、教会に助けを求めた」

P「シャウムベルヒの言うことをきくのがいやで、教会へ逃げてきた」

T「そうだね。教会というのは、日本で言えば〝駆け込み寺〟みたいなところでもあるからね。

ところが、教会の扉は閉じられていた。

エリスは見捨てられた少女なんだ。誰に見捨てられたの?」

P「神様」

T「そう。神に見捨てられた少女のイメージだね。

でも、エリスは立ち去らなかった。泣きながら待っていたんだ。そこへ豊太郎が通りかかった。エリスは、何を待っていたのだろう?」

P「神様」

T「エリスは『もの問ひたげ』な目で豊太郎を見た。その目は何を問うていたんだろう?」

P「……あなたは、神様?」

T「それに近いと思う。神様ではないにしても、神の使い、聖なる何かだ。

そのとき豊太郎が〝黄なる顔〟をしていたのは、普通の人とは違う、神秘的で聖なるイメージに思えたんじゃないだろうか。

だからエリスは、神様に訴えるように家庭の事情を全て話したんだ」


これはわたしの仮説にすぎないが、生徒たちには説得力を持つようだ。

T「教会について、象徴的な意味をさらに読んでおこう。教会の前で豊太郎とエリスは出会って恋に落ちた。としたらこの教会、日本でいう『何とか結びのお地蔵様』……みたいなものだね。これ、何かな?」

P「……縁結び」

T「そう。縁結びの教会だね。この教会が二人を結びつけたとも読める。でも、教会の扉は閉ざされていた。これって何を意味するだろう。教会に入らないとできないことがあるよね。何？」

P「結婚式」

T「そうだね。教会の閉じられた扉は、二人が結婚できないことを暗示しているかもしれない」

……というように、二人の出会いには様々な陰影が描きこまれており、そこからは直接書かれていない豊かな意味を読み取ることができる。

豊太郎とエリスの恋の美しさとせつなさは、こういう細部に宿っているのである。

5　ブランデンブルゲル門のなぞ

はじめて「舞姫」の授業をしたとき、ある生徒からこんな質問を受けた。

「『ブランデンブルゲル門』って『ブランデンブルク門』のことですか？」

「舞姫」の舞台は十九世紀のベルリンである。都市ベルリンの象徴であるブランデンブルク門が描かれている。

「そうだよ」と答えると、「だったらどうして、他のページでは『ブランデンブルク門』って書いているんですか？」と聞かれた。

一瞬、質問の意味がわからなかった。何度か聞き返し、やっとわかった。

ブランデンブルク門の描写は「舞姫」中に二度出てくる。一度目は、豊太郎がベルリンに到着したその時。二度目は、豊太郎がベルリンを去る直前である。ところがこの二度の描写で、門の名の記述が異なるのである。

以下を読み比べていただきたい。

遠く望めばブランデンブルク門を隔てて緑樹枝をさし交《か》はしたる中より、半天に浮かび出でたる凱旋塔《がいせんたう》の神女の像

（ベルリン到着直後）――A

もはや十一時をや過ぎけん、モハビット、カルル街通ひの鉄道馬車の軌道も雪に埋《うづ》もれ、ブランデンブルゲル門のほとりの瓦斯《ガス》灯は寂しき光を放ちたり。

（ベルリンを去る直前）――B

Aでは「ブランデンブルク門」なのに、Bでは「ブランデンブルゲル門」になっている。これはどうしたことだろう……と軽い驚きを覚えた。ところがそのときは、教科書の誤植じゃないかと答えてしまった。

その後、気になって様々の教科書の記述を調べてみた。どれも「ブランデンブルク門」と「ブランデンブルゲル門」を書き分けている。筑摩書房の森鷗外全集も調べたが同じ結果だった。書店でみかける文庫本ももちろん同様である。

どうやら「ブランデンブルク門」と「ブランデンブルゲル門」の書き分けは、定着しているもののようだ。

日本近代文学の研究者として知られる石原千秋氏に「※テクストはまちがわない」という著書がある。その「まえがき」で石原氏は、「研究者は……テクストの可能性を限界まで引き出

※「テクストはまちがわない」石原千秋（筑摩書房）

すのが仕事……」と主張し、「その前提は『テクストはまちがわない』という信念を持つことである。小説テクストでは、ほんの細部にこそ、また一見錯誤と見えるような表現にこそテクストの可能性が秘められている……」と述べている。

私も現代文の授業をするなかで、同じ思いをすることがよくある。「ブランデンブルク門」と「ブランデンブルゲル門」の書き分けについては、誤植とみなす前に、何らかの意味を仮定してみる価値があるのではないかと思うようになった。

主観的な感じを言えば、Bの「ブランデンブルゲル門のほとりの瓦斯《がす》灯は寂《さび》しき光を放ちたり。」の部分は非常に響きがよい。

「ブランデンブルゲル門」という古風な響きが、瓦斯灯の「寂しき光」のイメージとしっくりと調和している。意識的な努力をしなくても、自然に暗唱してしまうようなフレーズである。だが知りたいのは、この書き分けの意味である。

久しぶりに「舞姫」の授業をしたとき生徒たちに問いかけてみた。

「誰か思いつく人がいたら教えてほしい。

どうして、はじめは『ブランデンブルク門』だったのが、物語の終わりには『ブランデンブルゲル門』に変わっているんだろう。どんな仮説でもいいから言いに来てください」

あまり期待せずに言ったのだが、生徒たちは強い関心をしめした。そして、何人かは自分の仮説を紙に書いて持って来てくれたのである。その中で興味深かったもの二つを紹介したい。

第一の説は以下である。

「舞姫」という物語の「語り手」は豊太郎である。豊太郎の視点を通して「舞姫」の世界は語られている。

ベルリンに到着したばかりの豊太郎の意識は、まだ日本人的だった。そこで日本的に「ブランデンブルク門」と呼んだ。

ラストシーン近くの豊太郎は、すでに五年間のドイツ生活をおくっている。意識がドイツ人化しており、ドイツ語の「Brandenburger ※Tor」の発音に近い「ブランデンブルゲル門」と呼んだのではないか。

実際のところ、明治時代の日本で「ブランデンブルク門」という呼称が一般的だったかどうか、わたしにはわからない。しかし「ブランデンブルゲル」がドイツ語の発音に近いことは事実のようだ。

ちなみに「Brandenburger」は、「Brandenburg」（ブランデンブルク）という地名に「er」がついたものである。「er」がつくことで「ブランデンブルクの」という意味になる。

かつてベルリンには十八の城門があり、どの門もその先の都市の名前が門の名称になっていたという。

※Tor（トーア）……門

十八の城門の中で「舞姫」の時代まで残ったのは、「Brandenburger Tor」だけだったのである。「ブランデンブルクへ向かう門」は「ブランデンブルクの門」だった。

そこで第二の説である。これは生徒の見解に、わたしの考えを加味したものである。

「ブランデンブルク門」と「ブランデンブルゲル門」の違いは、「赤門」（本郷の）と「赤い門」の違いと似ているのではないか。

「赤門をくぐる」と言えば、たんに「門をくぐる」という意味ではなく、「最高学府である東京大学（あるいは東京帝国大学）に入学する」という輝かしい意味が含意される。「赤門」という固有名詞からは一種のオーラが出ている。

一方、「本郷の赤い門をくぐる」と言えば、これは「本郷の門を通る」というだけの意味になる。その門がたまたま赤かったということである。

ドイツに到着したばかりの豊太郎にとって、首都ベルリンの中央にそびえ立つブランデンブルク門はオーラを発する栄光の門だった。そのかなたには、普仏戦争の勝利を記念する高さ六十メートルの石柱の上に、黄金の勝利の女神像が輝いていた。

豊太郎は、ブランデンブルク門と勝利の女神に向かって出世を誓ったはずである。彼は出世と栄光のためにベルリンへ留学したからである。

当時ドイツ帝国はヨーロッパの最強国であり、ベルリンの中央に立ってブランデンブルク門をあおぎ見ることは、文字通り「世界の中心で栄光を夢見る」ことだった。

だが、五年間のベルリン生活は豊太郎を変えた。豊太郎は、出世の世界に自分の心を満たすものが何もないことを悟った。同時に、出世の世界でしか自分が生きてゆけない人間であることも骨身にしみて知ったのである。

エリスを裏切り、天方大臣からの帰国の誘いを受け入れた豊太郎は、そのことをエリスに告げる勇気がなく、雪の降りしきる公園のベンチで夜がふけるまですわっていた。そして眠ってしまった。ふと目をさましたときの描写がBである。

もはや十一時をや過ぎけん、モハビット、カルル街通ひの鉄道馬車の軌道も雪に埋《うづ》もれ、ブランデンブルゲル門のほとりの瓦斯《ガス》灯は寂しき光を放ちたり。（B）

この門が、栄光の門である「ブランデンブルク門」ではなく、オーラの消えた「ただの門」、「ブランデンブルゲル門」として記述されていることは、この場面にまことにふさわしい。「ブランデンブルゲル門」は「ブランデンブルクへ向かう門」であって、それ以外の何物でもない。

このあと豊太郎は、よろめきながらエリスの待つ屋根裏部屋に帰り、事実を告白しようとして昏倒する。意識がもどったとき、エリスはすでに発狂していた。親友相沢謙吉が、豊太郎に代わって事実（豊太郎の裏切り）をエリスに告げていたからである。

この悲劇的な展開の中に挿入される「ブランデンブルゲル門」という呼称は、ひかえめながら一つの意味をおびている。そう考えることも可能ではないだろうか。

以上二説を、ドイツ語に堪能な知人に紹介し、意見を聞いてみた。

「ブランデンブルゲル門」という呼称がドイツ語の発音に近いという説は納得できるとのことであった。

しかし、二番目の説は納得を得られなかった。知人には、「ブランデンブルク門」も「ブランデンブルゲル門」も、全く同じ一つの門を指していると感じられるとのことだった。作者か編集者が書き間違えたのではないかという感想だった。

「テクストはまちがわない」という石原千秋氏の説とは真逆の見解であったが、これはこれで興味深かった。

「誤植」なのか「差異」なのか。それを考え悩むことも読みの醍醐味である。名作の細部は侮れないと、あらためて思ったことだった。

芥川を読む

芥川龍之介の「鼻」は有名だ。

芥川龍之介といえば、まずこの作品が思い浮かぶほどである。ところが、主人公内供《ないぐ》の心理は、意外に知られていない。

内供は、自分の鼻に単純に劣等感を抱いて悩んでいるのではない。もっと屈折した「近代的自意識」に苦しめられている。その点に的をしぼった授業を紹介したい。

「父」は、「親と子」というテーマを芥川龍之介ならではの角度から切り取った珠玉の作品である。これについて詳しく紹介したい。

1　「鼻」のなぞ

芥川龍之介の名作「鼻」は、容貌に対する「劣等感」をテーマにした作品である。思春期の高校生にとってはリアル過ぎるテーマだ。

以下は、その冒頭である。

禅智内供《ぜんちないぐ》の鼻と云えば、池《いけ》の尾《お》で知らない者はない。長さは五六寸あって上唇《うわくちびる》の上から顋《あご》の下まで下っている。

……五十歳を越えた内供は、※沙弥《しゃみ》の昔から※内道場供奉《ないどうじょうぐぶ》の職にのぼった今日《こんにち》まで、内心では始終この鼻を苦に病んで来た。勿論《もちろん》表面では今でもさほど気にならないような顔をしてすましている。

これは……自分で鼻を気にしていると云う事を人に知られるのが嫌だったからである。

「は」と「も」の裏に、内供の心の秘密が隠されている。

※沙弥……仏門にはいったばかりの未熟な僧

※内道場供奉……宮中の内道場で奉仕する高徳の僧

T「『内心では……苦に病んで来た。』ということは、裏を読むと？」
P「表面では苦に病んでなかった」
T「そう。すごく悩んでいるくせに、平気そうな顔をしていたんだ。
なぜだろう？
『今でもさほど気にならないような顔をしてすましている』っていうことは？」
P「昔も気にならないような顔をしてすましていた」
T「そのとおり。
「は」「も」から読めることは、内供はすごく悩んでいるのに、昔も今も平気そうな顔をしていたっていうことです。
これはなぜだろう？　不自然だよね。答えは、本文中に書いてある」
P「鼻を気にしている事を、人に知られるのが嫌だったから」
T「その通り。
内供は自分の鼻に、つまり自分の容貌に何を感じているの？」
P「劣等感」
T「ところが、劣等感を感じていることを人に知られるのが嫌なんだ。ということは？」
P「劣等感を感じていることに劣等感を感じている」
T「そう。内供は二重の劣等感を感じているわけだ。複雑な心理だね」

……という授業をしたあと、生徒たちに感想を書いてもらった。その中に、次の内容のものがあった。

> 内供が、鼻を苦にしているのに平気そうな顔をしているのは不自然だと先生は言ったけれど、私は自然だと思う。
> 私も、あることに劣等感を持っているけれど、劣等感を持っているので、誰にも相談できない。
> 劣等感とはそういうものだと思います。芥川龍之介さんは、そのことをよく知っていたのだと思います。

なるほどその通りである。

内供がかかえこんでいる「二重の劣等感」は、実は「劣等感」というものの本質なのだ。「劣等感」は二重化するのである。

芥川龍之介は、そのことを熟知して内供の人物設定を行っている。これは、卓抜な心理学というべきだろう。

その上で芥川は、内供の長い鼻を短い普通の鼻に変えるという実験を行うのである。（ここではふれないが）この実験を通して、「劣等感」のさらに奥深い本質がえぐり出される。

そこでわたしは、導入部の授業のあとに、次のようなコメントをつけ加えることにしている。


T「髪の毛の淋しさを気にするナイーブな若者が書店で衝撃的タイトルの本を見つけた。『若ハゲは直る』。彼はその本をすぐに買うことができるだろうか。

……できない。店員さんやまわりのお客さんの視線が気になって本に手が伸ばせない。本は、のどから手が出るくらい買いたいが、自分が髪を気にしていることを人に知られることが、それ以上にこわい。

内供の葛藤は、これと同じだね。そしてこういう葛藤は、劣等感の普遍的性質なんだ。思春期は、劣等感を感じやすい時だ。容姿のこと、成績のこと、性格のこと、家庭のこと、なんでも劣等感の材料になる。

「鼻」という作品には、劣等感の本質が鮮やかにとらえられている。と同時に、人間が劣等感とどのように向き合い、それを乗り越えてゆくことができるのかという方向も、暗示されている。

言葉の表層だけではなく、裏まで掘り下げてこの作品を読み解いていこう」


優れた文学作品の深層には、人間の生き方が隠されている。それを読み解いてゆくのが読みの面白さである。

2 「父」——ロンドン乞食のなぞ①

「父」の中には、衝撃的なシーンがある。

旧制中学校四年生（現在の高校一年生）の少年が、友人たちの面前で父親を「あいつはロンドン乞食さ」と言い放つ場面だ。場所は上野駅の停車場。日光への修学旅行に出発する直前、中学生グループの中で起こった一見ささいな出来事である。

思春期、反抗期の少年と親の関係が、残酷なほどリアルに描かれている。

「父」は、文庫本で八ページほどの小品で、

自分が中学の四年生だったときの話である。


という語り出しから始まる。

語り手である「自分」は上野へ向かう電車に乗ったとたん、クラスの人気者、能勢五十雄《のせいそお》に声をかけられる。

能勢は自分と同じ小学校を出て、同じ中学校へ入った男である。

と人物紹介される。

「早いね、君も。」

「僕はいつも早いさ。」能勢はこう云いながら、ちょいと小鼻をうごめかした。

このとき能勢は、自分のことを「僕」と言っている。

彼は、電車を降りると他の友達といっしょになって、憑《つ》かれたようにはしゃぎ出す。

皆「僕」と云う代りに「己《おれ》」と云うのを得意にする年輩《ねんぱい》である。その自ら「己《おれ》」と称する連中の口から、旅行の予想、生徒同志の※品隲《ひんしつ》、教員の悪評などが盛んに出た。

この興奮が、停車場に出入りする大人たちを標的にして悪口を言い合う、熱病のような「馬鹿騒ぎ」へとヒートアップしてゆく。この昂揚した中学生グループのリーダーが能勢五十雄だった。しまいには能勢一人で、悪口を言う役をひきうけることとなる。

そのとき、グループの一人が、時間表の前に立っている妙な男を発見する。彼等は知らなかっ

※品隲……品評

たが、それは能勢五十雄の父親だった。息子をこっそりと見送りに来ていたのである。

その男は……昔風の黒い※中折れの下から、半白《はんぱく》の毛がはみ出しているところを見ると、もうかなりな年輩らしい。……服装といい、態度といい、すべてが、※パンチの挿絵《さしえ》を切り抜いて、そのままそれを、この停車場の人ごみの中へ、立たせたとしか思われない。――自分たちの一人は、また新しく悪口の材料が出来たのをよろこぶように、肩でおかしそうに笑いながら、能勢の手をひっぱって、「おい、あいつはどうだい。」とこう云った。

グループの中で能勢の父をただ一人見知っていたのが「自分」である。「自分」は思わず、「あれは、能勢のファアザアだぜ。」と言おうとした。

するとその時、

「あいつかい。あいつは※ロンドン乞食さ。」

こう云う能勢の声がした。皆が一時にふき出したのは、云うまでもない。中にはわざわざ反《そ》り身になって、懐中時計を出しながら、能勢の父親の姿を真似て見る者さえある。自分は、思わず下を向いた。その時の能勢の顔を見るだけの勇気が、自分には欠けていたからである。

※中折れ……中折れ帽子　中央が折れくぼんだつばのあるフェルト帽子
※パンチ……滑稽な絵（ポンチ絵）
※ロンドン乞食……ロンドン乞食は気位が高く、紳士のようにふるまうと言われていた。

作品のこの部分を高校一年生の授業で朗読すると、教室は静まり返る。生徒たちの顔に痛みが走るのである。多くの生徒が、能勢の気持ちに近い何かを経験したり味わったことがあるからだろう。

以下、その授業である。

T「能勢五十雄は、電車の中では自分のことを『僕』と言っていた。なのに、停車場に降りると『己《おれ》』って言い出す。なぜだろう？」

P「……カッコつけている」

P「……悪ぶっている」

T「じゃ逆に、なぜ電車の中では『僕』って言っていたんだろう？」

P「……」

T「聞き直します。『僕』と『おれ』ってどう違うの？」

P「『僕』は子どもっぽいけど、『おれ』は大人っぽい」

P「『僕』は、『よい子』のイメージだけど、「おれ」は『ワル』っぽい」

T「そこでもう一度聞きます。なぜ能勢は、電車の中では自分を『僕』って言っていたんだろう？

ヒント。停車場では、『自分』だけが能勢の父親を知っていた。これ、どうして？」

P「あっ、家が近い。同じ電車に乗り合わせたし」

P「能勢と『自分』は幼なじみだと思います」
T「どうして?」
P「同じ小学校の出身だって書いてある」
T「そうだね。小学校以来の知り合いだ。だから、父親の顔も知っていた。でも、そのことと『僕』という言い方とは、どういう関係があるのだろう?」
P「能勢は、『自分』との間では、『僕』って言う方が自然だった」
P「小学校以来のなじみだから見栄をはる必要がなかった」
T「ということは、停車場で『おれ』って言い出した時、能勢は?」
P「見栄をはっていた」
P「無理をしていた」
P「つっぱっていた」
T「そのとおりだ。
こういう心理って、みんなにもあるよね。みんなは、中二か中三くらいでこの時期を卒業しているかもしれない。昔は、今と違ってそのピークが中学四年生くらい、つまり今の高校一年くらいだったようだ。さあ、こういう時期を何という」
P「反抗期」
P「思春期」

ここで、以下の説明を挿入する。

子どもの人格は、ある時期まで親や教師によってつくられる。親、教師にほめてもらうため、子どもは幼児期から必死になって「よい子」を演じる。ところが、このつくられた「よい子」のままでは、自立した人間として社会を生きてゆけない。

そこである時期から、子どもは「自分くずし」を始める。つくられた「よい子」の自分をこわして、「自立した自分」を生みだそうとあがき始める。

だが、これは大きな冒険である。

一人ではこわくて自分をくずせない。そこで熱病のように友人を求める。友人との共犯関係のなかで、はじめて自分くずしは可能になる。

この時期の中学生や高校生は、大人に対して攻撃的になる。けれど、内心はきわめてナイーブで傷つきやすく、孤立感にとらわれやすい。

能勢は、思春期＝反抗期の心理を哀しいほど典型的に生きている少年と言えるだろう。

T「能勢が『ロンドン乞食さ！』という強烈なセリフを口にしたのは、語り手である『自分』の機先《きせん》を制したんだよね。

『あれは、能勢のファアザアだぜ』と言わせたくなかった。もし、『自分』が、あれは能勢の父親だとみんなの前で暴露したら、まわりの少年たちは、どう反応しただろう？」

P「……しらけた」

P「……引く」

P「ぶっ冷め」

T「そうだね。盛り上がった空気が一気に気まずくなっただろう。能勢はそれが恐かった。そうなるくらいなら、死んだ方がましだと思ったのかもしれない。だから、こころならずも叫んだ、『あれは、ロンドン乞食さ』と。……今の言葉で言えば、能勢は場の空気を？」

P「読んだ」

T「読み過ぎたんだね」

「父」は、次のようなエピローグで終わる。

能勢五十雄は、中学を卒業すると間もなく、肺結核《はいけっかく》に罹《かか》って、※物故した。その追悼式《ついとうしき》を、中学の図書室で挙げた時、制帽をかぶった能勢の写真の前で悼辞《とうじ》を読んだのは、自分である。「君、父母に孝に、」――自分はその悼辞の中に、こう云う句を入れた。

能勢の人生は短かかった。あの日、上野駅の停車場で同級生たちのヒーローとなったときが、ひょっとすれば彼の人生のピークだったかもしれない。

※物故……死去

「自分」が悼辞のなかに入れた「君、父母に孝に、」……、この言葉をどう考えればよいのだろう。

皮肉ではないはずだ。

自分は、思わず下を向いた。その時の能勢の顔を見るだけの勇気が、自分には欠けていたからである。

とあるように、「自分」は能勢のふるまいに、痛ましさと同情を感じている。「あのとき、君がみんなの前で、父親のことを『ロンドン乞食！』と言わずにいられなかった気持ち、同じ思春期にいた僕にはよくわかる。でも、君が本当は、親孝行な心優しい少年だったことを僕は知っているよ」

と「自分」は言いたかったのではないだろうか。

しかし、「自分」の意図に反して結果的に、「君、父母に孝に、」は、やはり皮肉な言葉として響く。心をこめた哀悼の言葉も皮肉のように聞こえてしまう。

……ここに能勢という人物の、いや「思春期＝反抗期」というものの根源的な哀しさがある。能勢五十雄の哀しいピエロのようなふるまいと、その短かすぎる生涯を通して、芥川龍之介は、思春期というものの名状し難い哀しさを描いたのである。

3 「父」――ロンドン乞食のなぞ ②

「父」の授業紹介を続けよう。まず、上野駅へ向かう路面電車に乗り込んだ『自分』に、主人公の能勢が声をかける冒頭の場面を取り上げる。二人の人物像を読み取りたい。

自分が中学校の四年生だったときの話である。……こみ合っている中を、やっと吊革《つりかわ》にぶらさがると、誰か後《うしろ》から、自分の肩をたたく者がある。自分は慌《あわ》ててふり向いた。

「お早う」

見ると能勢五十雄《のせいそお》であった。……

能勢は、自分と同じ小学校を出て、同じ中学校へはいった男である。これと云って、得意な学科もなかったが、その代りに、これと云って、不得意なものもない。その癖、ちょいとした事には、器用な性質《たち》で、流行唄《はやりうた》と云うようなものは、一度聞くと、すぐ節を覚えてしまう。そうして、修学旅行で宿屋へでも泊る晩なぞには、それを得意になって披露《ひろう》する。詩吟《しぎん》、薩摩琵琶《さつまびわ》、落語、講談、声色《こわいろ》、手品、何でも出来た。その上また、身ぶりとか、顔つきとかで、人を笑わせるのに独特な妙を得ている。従って級《クラス》の気うけも、教員間の評判も悪くはない。もっとも自分とは、互に往来《ゆきき》はしていながら、さして親しいと云う間柄でもなかった。

T「『互いに往来はしていながら、さして親しいという間がらでもなかった』って書いてあるね。『往来』ってどういう意味？」

P「行ったり来たりすること」

T「そうだね。能勢と『自分』は、お互いの家を行ったり来たりしていた。ところが、『さして親しいという間柄でもなかった』とも書かれている。これ、ちょっと変だね。さして親しい間柄でもなかったのに、どうしてお互いの家を行ったり来たりしていたの？」

P「…………」（答えられない）

T「じゃ、問い方を変えよう。能勢と『自分』が家を行ったり来たりできたのは、ある条件があったからだ。その条件って何？」

P「……」

T「『自分が中学の四年生だった時の話である。』とこの小説は始まっている。能勢も自分も中学四年生だった。中学四年の生徒なんて、みんなのまわりにいないでしょう。どうしてかな？

彼らが通っている中学校はどういう学校だろう？」

P「旧制中学校」

T「そう、今とは違う旧制中学校だ。

旧制中学校って、昔のエリート学校だよ。多くの子どもが小学校や高等小学校を出ると働いていた時代だ。めぐまれた一部の子どもたちだけが五年制の中学校へ進学したんだ。

だから校区は広く、たくさんの小学校から生徒は進学してきた」

P「あっ、二人は家が近かったんだ」

T「そのとおり。『能勢は自分と同じ小学校を出て同じ中学校へ入った男である』と書いてある。

上野駅へ行く電車にも、二人は同じ駅から乗り込んで会話している。つまり、家が近いんだ。だから、行ったり来たりしていた。

じゃ、どうして『さして親しいという間がらでもなかった』のだろう？」

P「………」

T「語り手である『自分』は読者に能勢の人物像を紹介しているんだけど、最初に言ったのはどういうこと？」

P「能勢には得意な学科はなかったが、苦手な科目もなかった……」

T「そうだね。これもちょっと変だね。

みんなが友達のことを第三者に紹介するとき、彼には得意な科目もないけれど苦手な科目もない、なんてことを最初に言うかな？」
P「言わない」
T「じゃ、どんなことから言う？」
P「得意なものとか」
P「部活は何をやっているとか」
P「勉強のことも、すごくできるんなら言うかもしれない」
T「そうだよね。得意も苦手もないということは、勉強では特徴がなかったってことだ。それなのに勉強を最初に話題にする。それもごく自然にそうしている。
『自分』ってどんな人物？」
P「勉強のことに関心がある」
P「勉強人間」
T「そうなんだ。『自分』の見方には偏りがある。
『自分』のバイアス（偏見）をはずして、直接みんなの目から見たら、能勢ってどんなやつ？流行歌をすぐ覚えて、詩吟、薩摩琵琶ができるっていうのは、今だったら音楽センス抜群ってことだ。カラオケもうまい。
落語、講談、声色《こわいろ》（ものまね）ができるっていうのは？」
P「ギャグがうまい！」
P「笑いを取るのがうまい」

P「面白人間」
T「その上、手品——マジックまでできる。こういうやつがみんなの中にいれば？」
P「人気者」
P「ヒーロー」
T「だよね。面白いことなら何でもできるんだ。
　ところが、詩吟、薩摩琵琶——今でいえばエレキギターだ——落語、講談、声色、手品、こういう能勢の特技を『自分』はどう評価しているかな。すごいなぁって感心している？」
P「していない」
T「本文のどこからわかる？」
P「『その癖、ちょいとした事には、器用な性質で』ってあった後、詩吟、薩摩琵琶……と続くから、能勢の得意なことは『ちょいとした事』だとしか思ってない」
T「『その癖、ちょいと……』の『その癖』ってどういうこと？」
P「勉強という大事なものは、ふつうなのに、くだらないことではけっこうデキルやつ、みたいな……」
T「つまり、能勢と『自分』は価値観が違う。生きている世界も違う。能勢にとっては面白いこと、ウケることが価値であり、『自分』にとっては勉強が最重要事なんだ。二人には接点がないいんだね。
　だから、『さして親しいと云う間柄でもなかった』ということになるわけだ。

そこで確認だけど、じゃ、どうして行ったり来たりしてたの？」

P「家が近いから……」

T「そうだね。たとえば、どちらかが風邪で学校を休んだときに、宿題を届けに行ったりとか、ノートを写させてもらいに行ったりとか、そういうレベルのつきあいだったんだ。

『自分』は能勢の家と往来していた。だけど、能勢と『自分』には心理的な距離があった。この距離感がクライマックスの語りで決定的な役割をする。

能勢と『自分』が一心同体みたいな友だち関係だったら、能勢が『あいつかい。あいつはロンドン乞食さ』と言ったとき、同調していっしょに笑いころげていたかもしれない。あるいは逆に、笑いの標的が能勢の父親だと意識して、しらけ返ったかもしれない。どちらにせよ、能勢の心中を洞察することはできなかっただろう。

能勢を取り巻く昂揚した空気から心理的な距離をおいていた『自分』だったからこそ、父親を友人たちの前で「ロンドン乞食」と言わざるをえなかった能勢の苦しい胸中を、まざまざと想像できたんだと思う。そして※成人した後、その思い出をこの作品のような形で語らずにいられなかったんだと思う。

『自分』という目撃者の存在は大きいね」

ところで、「父」は以下のように終わる。

※「自分が中学の四年生だった時の話である。」という冒頭の言葉からは、話者が今は大人であることがうかがわれる。

能勢五十雄は、中学を卒業すると間もなく、肺結核《はいけっかく》に罹《かか》って、物故した。その追悼式《ついとうしき》を、中学の図書室で挙げた時、制帽をかぶった能勢の写真の前で悼辞《とうじ》を読んだのは、自分である。「君、父母に孝に、」――自分はその悼辞の中に、こう云う句を入れた。


T「ここになぞがある。

なぜ悼辞を読む役を『自分』がやることになったんだろう?」

P「……小学校が同じだったから」

T「それだけでは弱いと思う。能勢には、もっと親しい友人がいっぱいいたからね。

先生の主観的読みを言おう。

『自分』は能勢のクラスの級長だったんだ。成績がよかったからね。昔は成績の良い生徒が級長になった。だから、悼辞を読むことになったんだ。

憶測するに『自分』は、芥川龍之介その人だ。

芥川龍之介の実母が精神を病んでいたことはよく知られている。『僕の母は狂人だった』※という衝撃的な言葉から始まる小説もある。

芥川は、実母のことを人に知られることを常に恐れていたという。親に対する強いコンプレックスがあった。だから、友人の前で親を隠さざるをえなかった※能勢五十雄の気持ちが骨身にしみてわかったんじゃないだろうか。

※「点鬼簿」(筑摩書房　芥川龍之介全集3)
※能勢五十雄……筑摩書房　芥川龍之介全集1「父」の注に「芥川と小学校及び中学校同窓の実在した人物」とある。

もう一つ。芥川は実父の愛情を知らずに育っている。実母の病が原因で、生後すぐに叔父の家に養子に出されたんだ。このことも芥川には大きな心の傷になっていた。

もし能勢五十雄の父のような人物の後姿を芥川が目撃したら、複雑な思いにとらわれたんじゃないだろうか。小説中の『自分』と同じように……」

芥川龍之介は私小説を嫌悪した作家だと言われている。けれど、「父」にはフィクションとは思えないリアリティがこもっている。

4 「父」——ロンドン乞食のなぞ③

「父」の授業の最後である。

ここまでは、反抗期の少年の心理に焦点をあててきた。今回は、「黙して立つ父親の姿」に注目したい。

この作品のタイトルは「父」であり、父のあり方をぬきにして、作品の深層に迫ることはできない。ところがこれが、難物なのである。父は黙して語らず、ただ「ポンプのように」立ち尽くしているだけなのだ。

大学の薬局に勤めていた能勢の父親は、出勤の途中、修学旅行に出かける息子をこっそり見送ろうと停車場に来ていた。時間表を見るふりをしながら、実は息子のようすをうかがっていたのである。

「あいつかい。あいつはロンドン乞食さ。」という息子の残酷な言葉が、父親に聞こえたかどうかは書かれていない。能勢のまわりの中学生たちが一時にふき出して、中には能勢の父親の姿を真似てみる者までいたことにも気づいたかどうかわからない。だが、黙って時間表の前に立っている父の姿は、執拗なほど詳しく描かれている。

この濃密な描写の中に、語り手の――そして作者・芥川龍之介の思いが深く塗りこめられている。


曇天の停車場は、日の暮のようにうす暗い。自分は、そのうす暗い中で、そっとそのロンドン乞食の方をすかして見た。

すると、いつの間にか、うす日がさし始めたと見えて、幅の狭い光の帯が高い天井の明り取りから、茫《ぼう》と斜めにさしている。能勢の父親は、丁度その光の帯の中にいた。

――周囲では、すべての物が動いている。眼のとどく所でも、とどかない所でも動いている。そうしてまたその運動が、声とも音ともつかないものになって、この大きな建物の中を霧のように蔽《おお》っている。

しかし能勢の父親だけは動かない。この現代と縁のない洋服を着た、この現代と縁のない老人は、めまぐるしく動く人間の洪水の中に、これもやはり現代を超越した、黒の中折をあみだにかぶって、紫の打紐のついた懐中時計を右の掌《たなごころ》の上にのせながら、依然としてポンプの如く時間表の前に佇立《ちょりつ》しているのである……。

整理すれば、ここには三つのものが描出されている。

①曇天にさしてきたうす日
②周囲の動くもの
③動かない父親の姿

①「光」→②「動」→③「不動」の順で描かれるこの三者は、響き合いながら、父親の姿を強烈にライトアップしている。

早朝の「うす日」の中で、「まわりの動くもの」と「不動の父」が対比されている構図である。ところが、この図式では言い尽くせない何かが、情景のなかを重くただよっている。名状し難い何か、である。その正体が長い間つかめなかった。

ある時、次のような生徒の感想に出会った。

うす日を浴びている父の姿はたしかに哀しいけれど、後光がさしているような気もする。

あっと目の覚める読みだった。

そのとき気がついた。「黙して立つ父の姿」は、二重のイメージで描かれているのだ。

曇天の停車場にさす「うす日」は、否定的にも読めるが肯定的にも読める。

否定的に読むと、

①人生のわびしさや切なさそのもののような寂しい光
②父親の滑稽な姿を露骨に照らし出す残酷な光

と読める。

肯定的に読めば、

①西洋の宗教画にあるような、天からかすかにさしてくる聖なる光のイメージ
②「光の帯のなか」にいる父親の姿は、後光がさしているようにも見える。

この二重のイメージの光の中に、父親は立っている。

父の姿を見つめる「自分」のまなざしが二重化しているのである。上野駅の停車場に立って出来事を生々しく目撃している少年のまなざしと、長い時をへだてて、この情景を回想している大人になった「自分」のまなざし。前者にはわびしい父の姿が、後者にはそれとは異なる父の姿が写っている。この二つのまなざしの重なりの中に、父の姿は浮かび上がっている。

映画の中で、ときに無声の回想シーンが挿入されることがある。そういうシーンと似た静けさがこの場面をひたしている。これは、大人になった「自分」のまなざしに映し出された回想の情景が背後にあるからだ。大人である「自分」の目に父の姿は、ある種神々しく映っている。

「黙して立つ父の姿」を読み解く鍵は、この「二重視点」にある。

以下の表現にも「二重のまなざし」が反映している。

「この現代と縁のない洋服を着た」「この現代と縁のない老人」「これもやはり現代を超越した中折れをあみだにかぶって……」——これらの言葉は、否定的には「古臭い、時代遅れの、ダサい父親の姿」と読めるが、肯定的に読むこともできる。

まわりのものみなが動いている中で父親だけが不動なのは、父の姿が時間を超越しているからだ。息子から罵倒されながらも、後ろ姿で息子を見つめて黙って立っている父親の姿は、「永遠に父なるもの」、「永遠に親なるもの」の姿として、大人になった「自分」の目に蘇っている。それは、「無償の愛」の具現化だ。

父は「時間表」の前に立ち「懐中時計」を見ている。これは象徴的表現だ。「時間」（時間表・時計）と「永遠」（父の姿）が鋭く対置されている。

時計を見ている父は、「自分」の思い出の中で、時間を超えて生きている。

このように読み解いてゆくと、「ポンプの如く時間表の前に佇立《ちょりつ》しているのである……」という奇抜な比喩の意味も見えてくる。

父の姿は、ポンプのように、無粋《ぶすい》に滑稽に、だが固く不動に、「自分」の思い出の中で永遠に生き続けているのである……。

筑摩書房・芥川龍之介全集Ⅰの注によると、能勢五十雄は「実在した人物」とされている。小説「父」と似た出来事は実際にあったのかもしれない。

わたしは、「五十雄」という名前から、ある仮説を立てている。父親が息子を停車場まで見送りに来るというのは、封建制の名残が濃厚だった当時（明治時代の末）にはめずらしい光景だっただろう。

能勢五十雄は、父親が五十歳のときに生まれた子どもだったのではないか。それゆえに、父にとっては掌中の玉のような存在だった。……そんな気がしてならないのである。

❖補足❖

「父」のなかで中学生たちがさかんに使う「ちゃくい」という言葉が印象的である。「横着」の「ちゃく」からきているらしいが、驚くほど現代的だ。今の中学生たちが使う「せこい」という言葉と響きが似ている。

「泉はちゃくいぜ、あいつは教員用のチョイスを持っているもんだから、一度も下読みなんぞした事はないんだとさ。」

「平野はもっとちゃくいぜ。あいつは試験の時と云うと、歴史の年代をみな爪へ書いて行くんだって。」

「そう云えば先生だってちゃくいからな。」

「ちゃくいとも。本間なんぞは receive の i と e と、どっちが先へ来るんだか、それさえ碌に知らない癖に、教師用でいい加減にごま化しごま化し、教えているじゃあないか。」

どこまでも、ちゃくいで持ちきるばかりで一つも、碌な噂は出ない。

わたしも修学旅行の引率中に、駅のプラットホームで中学生たちが、一種の昂揚状態から馬鹿騒ぎをしている光景を見かけたことがある。

「せこー!」

「せっこい!」

「せ、せ、せっこおい!」

などと傍若無人に叫び、馬鹿笑いが止まらない。

強く叱責して静まらせたのだが、そのときに「父」を思い出し、厳粛な気持ちになったことがある。子どもたちの背後に、遠くから彼らを見つめる親の姿が浮かんできたからだ。

思春期を生きる子どもたちと、それを見つめる親。きれいごとでは語りきれない、ある種悲しいまでの絆の濃さ。そのありどころを「父」は鮮やかに描ききっている。

第三章

読みのアラカルト

教科書以外の言葉を読む

教科書の作品を読みこむうちに、それ以外の作品についても、同じように深層読みができるのではないかと考えるようになりました。

本章に載せた「なぜ褒姒は笑ったか？」は、その例です。教科書外という自由さもあって、冒険的な読みを行っています。客観的な読みと主観的な読みの境界線に成立する「※冒険的読み」は、スリルとサスペンスの宝庫です。

その他、映画のタイトル（「ローマの休日」）、オバマ大統領の演説中の「ある単語」、坂本龍馬の言葉（「日本のせんたく」）など、読みの対象はどんどん広がってゆきます。

この章では、様々なジャンルで、読みの「スリルとサスペンス」を味わってみてください。

※「冒険的読み」……客観的読みを踏まえた仮説的読み

1 「ローマの休日」のなぞ

「ローマの休日」は好きな映画だが、なぜ「ローマ」なのだろう?

「パリの休日」では、この映画は絵にならないと思うものの、その理由がうまく説明できなかった。

特に、ラストシーンで、オードリー・ヘップバーン扮するアン王女が発する有名なセリフがある。王女と新聞記者ジョー(グレゴリー・ペック)の別れの場面だ。

フォロロマーノ(古代ローマの巨大な遺跡群)の前で出会った二人は、お互いに身分を隠したまま、たった一日の「ローマの休日」を共にする。

翌日の記者会見の広間で再会した二人は、お互いの正体を知ることになる。それは同時に、二人の永遠の別れのときでもあった。

「今回のご旅行で、一番心に残った場所はどこですか?」と記者団に聞かれて、アン王女は儀礼的に「いずこも忘れ難く善し悪しを決めるのは困難……」と言いかけるが、ふいに中断し、

「※ローマです。なんといってもローマですわ」

と唐突に叫ぶ。そして「※今回の訪問を私は生涯にわたってなつかしむでしょう」と結ぶ。

深く哀切な響きがこめられた言葉だ。これは王女がジョーに贈った別れの言葉でもあった。

このセリフの中の「ローマ」を他の都市と置き換えることはできない。何か大切なものが失われてしまう気がする。

だが、その大切なものが何なのか、長い間わからなかった。

ところがあるとき、塩野七生さんの古代ローマに関する著作を読みあさっていたとき、ふいにその「なぞ」が解けた気がした。

エッセイ集「※イタリアからの手紙」の中で、塩野さんはこう書いていた。

「永遠の都と形容される都市は、世界中でローマしかない。『永遠の都』といえば、そのあとに何も続かなくても、ヨーロッパの人ならば誰でも、それがローマを意味することを知っている」

なるほどと思った。とすれば、逆も言えはしないか。

「ローマ」と言えば何も言わなくても、それが「永遠の都」を意味すると言えるのではないか。

そう思ったときにひらめいた。王女の別れの言葉は暗号のメッセージとして読み解くことができる。

以下は、そのとき私の頭に浮かんだ仮説である。

王女のセリフに「永遠の都」を代入すると、次のようになる。

※ Rome! By all means, Rome! I will cherish my visit here in my memory as long as I live. （英語字幕）

※「イタリアからの手紙」塩野七生（新潮文庫）中のエッセイ「永遠の都」

「永遠の都ローマです。なんといっても永遠の都ローマですわ」

それに続く「今回の訪問を……なつかしむでしょう」からも、裏の意味が読み取れる。「なつかしむ」とは、二人の恋が「思い出」に変わることを意味する。「私は、この恋を終わらせます」と王女は宣言しているのである。

「でも、あなたとすごした一日は、私にとって永遠です。永遠の都ローマのように」

これが王女の言葉に隠されたメッセージではないだろうか。だとしたら、この物語の舞台はどうしてもローマでなければならない。作品の主題とローマは内的必然的に結ばれているのである。

実は、王女のセリフにはもう一つ深い意味が隠されているとわたしは考えている。レンタルビデオ店の、「ローマの休日」のすぐそばで、よく見かける歴史スペクタクル映画のタイトルがある。「ローマ帝国の滅亡」である。

このタイトルを見ていたときに、あることに気がついた。

「永遠」とは「不滅」を意味する。ローマ帝国は滅んだ。滅んだ都を永遠と呼ぶのは論理的におかしい。なぜローマは「永遠の都」と呼ばれるのだろう。

私見によれば、それは古代ローマは滅んだ後も残ったからである。

どこに残ったか？　人々の心の中に残ったのである。あるいは、フォロロマーノの遺跡の中に残ったのだ。

とすると王女の言葉は、それを受け取ったジョーの心の中で、別の意味に変わる可能性を秘めている。

「二人ですごした一日は永遠です。でも、それは二人の思い出の中でだけ永遠なのです。……あのフォロロマーノの廃墟のように」

王女と別れたジョーが訪れる場所は想像できる。それは、二人がはじめて出会った場所、フォロロマーノの前である。

遺跡の前に立ったジョーは、そのとき王女の言葉をかみしめたはずである。

2 「レ・ミゼラブル」のなぞ

２０１２年公開のミュージカル映画「レ・ミゼラブル」は素晴らしい映画だった。何度見ても感動する。けれども、原作には及ばないと思うのである。主人公のジャン・バルジャンがミリエル司教と出会って人間的な変革をとげる「銀の食器・銀の燭台」の名場面が、物足りないのである。

わたしがそう感じるのには、三十年以上前に出会ったある教育書の影響がある。大西忠治著「国語授業と集団の指導」（明治図書）である。

「レ・ミゼラブル」（ビクトル・ユーゴー）の一節が取り上げられ、衝撃的な解読がなされていた。

この本を私は十回以上読み返したが、ジャン・バルジャンが銀の食器を盗む場面の分析は、ぼろぼろになるまで読みこんだ。わたしの授業は、この本から大きな影響を受けている。

一時期（私の中学時代だが）、「レ・ミゼラブル」の一節、「銀の燭台」の場面が中学校の国語教科書に載っていた。「レ・ミゼラブル」は、「国語教材」だったのである。

大西忠治氏（執筆当時は香川県の中学教師だった）が、著書の中で取り上げたのは以下の部分である。

一切れのパンを盗んだために十九年ものあいだ投獄され、人を憎んで生きてきたジャン・バルジャンは、ミリエル司教と出会って心を動かされる。旅館や民家で冷たく宿泊を拒否されたジャン・バルジャンを、ミリエル司教があたたかく迎え入れてくれたからだ。

けれどその夜、ジャン・バルジャンはミリエル司教の部屋へしのび入る。「猫のように……こっそり」と。

彼は再び盗みを犯そうとした。だが、月明かりの中で自分を信じきって眠っているミリエル司教の寝顔を見たとき、彼の心に動揺が広がる。その場面が次である。

彼の目は老人から離れなかった。その態度と表情に、はっきりあらわれていたものは、ただ奇妙な不決断だけであった。身を滅ぼす深淵と、身を救う深淵と、二つの深淵の間で、ためらっているようだった。この頭を打ち割るか、この手に接吻するか、どちらかをするつもりかのようだった。（新潮文庫・佐藤朔訳）

このあと、ジャン・バルジャンはゆっくりと帽子をぬいで、司教に敬意を表する。ところが次の瞬間、髪を逆立てる。そして戸棚の方へまっすぐに歩いてゆき、銀の食器を取り出し、足音も気にせずに闇の中へ消えてゆく。

ここに、「なぞ」がある。

ジャン・バルジャンは一旦は盗みを断念した。明らかにそう読める。ところが次の瞬間、髪の毛を逆立てて犯行に踏みこんでゆく。この変化はなぜ起こったのか。一体、彼の心の中に何が生じたのか。その心理を解明したのが大西忠治氏の分析である。

「身を救う深淵」という奇妙な言葉がキーになる。

「身を滅ぼす深淵」の方は、わかる。悪を犯すことで救いのない世界へ落ちてしまうことを意味している。だが、「身を救う深淵」とはどういうことだろう。

大西忠治氏はこう述べる。

> 彼は、善を見たことがなかった。人間の中に悪を見てくらし、悪に慣れて生きた、だからこそ善は未知なものであった。未知なものであるがゆえに恐怖をさそう深淵に見えたのである。つまり彼は善へひきこまれそうになることに恐怖したのである。……ジャンは、悪をなそうとしたのではなく、善の恐怖からにげようとしたと思われるのである。善へ自分をひきこもうとする恐ろしいものに反抗して盗みをしようと決意したと考えられる。（「国語授業と集団の指導」）

この読みは衝撃的だった。小説がここまで深く読めるということに、わたしは驚いた。目の覚める思いだった。

実はこの分析を読んだとき、わたしが子ども時代からいだいていた疑問が氷解したのである。それを紹介したい。

「ああ無情」と訳されていた児童書の「レ・ミゼラブル」を読んだのは小学校時代だった。物語には深く感動したが、素朴な疑問が残った。

ジャン・バルジャンはなぜ銀の食器だけを盗み、銀の燭台は盗まなかったのかということである。

ミリエル司教は質素な暮らしをおくっていたが、銀の食器と（二つの）銀の燭台だけは、客をもてなすためのささやかな贅沢として大切にしていた。実際ジャン・バルジャンは銀の食器と銀の燭台によってもてなされ、感激するのである。

そして銀の燭台は、この夜ミリエル司教の手からジャン・バルジャンに手渡される。寝室に案内されたあと、彼はその燭台を枕元に置いて眠りにつく。

銀の燭台を盗むことは、銀の食器を盗むよりも容易だったはずだ。ミリエル司教に見つかるおそれなしに盗むことができるからだ。

だが、ジャン・バルジャンは銀の燭台には見向きもしない。これはなぜなのか。

以下、（大西忠治氏の読みを踏まえた上での）私見である。

ジャン・バルジャンの心理は、「アイデンティティー危機」という言葉で説明できる。

自分を信じ切って眠っているミリエル司教の寝顔を見たとき、ジャン・バルジャンの心には、その信頼に応えたいという思いが湧き上がった。ところが次の瞬間、彼は目のくらむような恐怖を感じる。もしここで司教の信頼に応えて善の道に踏み出したなら、人を憎むことで生きてきた獄中での十九年の人生は一体何だったのか……ということになる。

「憎悪の人生」の意味が失われるのである。

それは彼にとっては恐ろしいことだった。彼は、劇的なアイデンティティー危機に直面したのだ。盗みを犯して再び投獄されるよりも、この危機と向き合う方が恐ろしいことだった。

彼はこの危機と向き合うことを回避するため――つまり自分が悪人であることをミリエル司教と自分自身に対して証明するために――銀の食器を盗んだのである。

アイデンティティー危機は、ジャン・バルジャンがミリエル司教と出会ったときから始まっていた。ミリエル司教のあたたかいもてなしに、ジャン・バルジャンは感激しながらも動揺する。彼の人間観――人間は信じられないものだという人間観――がゆらいだからである。

この動揺に決着をつけようとして、ジャン・バルジャンは無意識のうちに、司教の部屋へしのび入った。「銀の燭台」のことは、彼の頭からぬけ落ちていた。「銀の食器」は、司教の枕元の戸棚にしまわれている。それが、ミリエル司教の枕元にあるということが重要だった。ミリエル司教の存在ぬきには、ジャン・バルジャンの「犯行」の意味は失われる。ジャン・バルジャンが無意識にめざしていたのは、ミリエル司教の信頼を明確に裏切ることだったのだ。

ところが、司教があまりにもやすらかに眠っていたため、その信頼を裏切ることができず、ジャン・バルジャンは煩悶《はんもん》の末、犯行を断念する。だがこの断念は、彼の全人生を否定するほどの衝撃と恐怖をもたらした。その恐怖から逃れるため、ジャン・バルジャンは衝動的に盗みに踏み切ったのである。

翌朝、ジャン・バルジャンは憲兵にとらえられ、ミリエル司教の前に連れてこられる。

そのジャン・バルジャンに、ミリエル司教は銀の燭台を与え、彼を解放する。「この燭台もあなたにさし上げたものですよ。どうして持っていかなかったんですか」……ジャン・バルジャンは混乱し苦悩する。だが、この苦悩を通して、やがて内的な成長をとげてゆく。

この物語の中で、「銀の燭台」は象徴的な意味を担っている。「燭台」は「蝋燭《ろうそく》立て」だ。蝋燭は闇の中に明かりをともす。そして道を照らす。ミリエル司教から与えられた「銀の燭台」は、ジャン・バルジャンの生きる道しるべとなる。

長い年月が流れ、物語の終わりでジャン・バルジャンは死を迎える。ベットの上で安らかに死んでゆくジャン・バルジャンを二本の燭台の火が照らし出す。この燭台こそ、ミリエル司教から与えられた「銀の燭台」であった。

ところでジャン・バルジャンが「銀の食器」を盗むべく、ミリエル司教の部屋にしのび入ったとき、彼の手には「鉄の燭台」(「カンテラの鉄の柄」とも訳されている)がにぎりしめられていた。

これは彼が服役労働中に石切場で手に入れたもので、岩盤に突き刺して固定することもできる恐るべき凶器だった。

「レ・ミゼラブル」は長大な物語だが、「燭台」の象徴性に注目すると短くまとめることができる。

ミリエル司教から「銀の燭台」を与えられた衝撃によって「鉄の燭台」を捨てたジャン・バルジャンが、「銀の燭台」の火に見守られつつ最期をむかえるまでの物語。私見では、これが「レ・ミゼラブル」のシンプルな物語構造である。

では、「銀の食器」は一体何だったのだろう。

ジャン・バルジャンが「銀の食器」を盗まなければ、「銀の燭台」は彼のものにならなかった。「銀の食器」は「銀の燭台」をジャン・バルジャンに届けるための、物語上の巧妙な仕掛けだったのである。

3 「抹茶アイス」のなぞ

数年前になるが、テレビニュースでオバマ大統領の東京演説の冒頭を聞き、「抹茶アイス」のジョークに感銘を受けた。

「抹茶アイス」の深層の意味を読み解いてみたい。以下の部分だ。

……when I was a young boy, my mother brought me to Kamakura, where I looked up at that centuries-old symbol of peace and tranquility -- the great bronze Amida Buddha. And as a child, I was more focused on the matcha ice cream. (Laughter)（※東京演説）

幼いころ私が母に連れられて鎌倉を訪れたことをご存じの方も、あるいはあるかもしれません。そのとき私が見上げたのは、何世紀も前に造られた、平和と平穏の象徴である青銅の大仏像でした。もっとも、子どもだった私は、抹茶アイスの方に目がくぎづけになっていました。(笑)

※東京演説……2009年サントリーホール

この「抹茶アイス」のジョークは秀逸である。(ふつうの)「アイスクリーム」ではなく「抹茶アイス」であることがポイントだ。

もしオバマ少年が、西洋的、アメリカ的な(ふつうの)「アイスクリーム」の方に目がくぎづけ(focused on)になっていたのなら、鎌倉の大仏に対する大統領の敬意も、かなり減殺されてしまう。

(日本的な)「抹茶アイス」への言及には、日本文化への好意がこめられている。「大仏像」と「抹茶アイス」はセットで、日本的、東洋的なものへの自然な敬愛を表明しているのである。

では、「みたらし団子に目がくぎづけになっていた」という表現だったらどうだろう。

これでは、うそくさくなる。抹茶アイスだから、少年らしいリアリティがあるのだ。

「抹茶アイス」のジョークは、たんなる社交辞令に血を通わせて、生きた言葉に変える見事な触媒になっている。

オバマ大統領が言葉を大切にする政治家であることが、演説の細部からも読み取れる。

ところが、わたしには一つの疑問が残った。――ハワイで育ったオバマ少年にとって、抹茶アイスは、本当に目がくぎづけになるほど美味しそうに見えるものだったのだろうか。五十年近く前である。抹茶の味がアメリカの5歳の少年に知られていたとは想像しにくい。むしろ異様なアイスクリームに見えたのではないだろうか。だから目がくぎづけになったのではないか。

その味も、「へんな味」だったのではないか。だから、大人になっても覚えているのではないか。

そんな思いが頭をかすめた。これはわたし自身の経験に起因している。

二十年ほど前に、ある有名な峠の茶店で「わさびソフト」という、わさび入りのソフトクリームを食べたことがある。

その色と味は今でも鮮烈に覚えている。緑色の異様な味のソフトクリームだったが、食べているうちに、(ある程度)美味しいと感じられるようになった。それと似た経験をオバマ少年もしたのではないか、と直感したのである。

新聞報道によれば、オバマ少年が日本に立ち寄ったのは、それまで育ったハワイを後にして、インドネシアで暮らすための旅の途上であった。……少年は心細かったはずだ。そのことを踏まえると、以下の仮説が浮かんでくる。

抹茶アイスの味は、最初は異様な――すくなくとも奇妙な――味だと感じられたのではないか。それは、オバマ少年に生まれてはじめての異国を感じさせる味だったかもしれない。あるいは、ほろにがい孤独を……。

だが、そのへんな味をアメリカ的なアイスクリームの甘さが緩和してくれた。

抹茶味とアイスクリーム味の調和。それは独特の東洋的な風味となって少年の口中に広がった。

「アジアでも、ぼくはやっていける」。そのとき少年は思ったのではないか。そして心細さから解放されていった。

この体験ゆえに、抹茶アイスは大統領にとって特別な味となっていた。だから東京演説の中で鮮やかに蘇ったのではないだろうか。

この仮説の妥当性を検証するため、「オバマ大統領・抹茶アイス」というキーワードで、ネット検索したところ、岡田克也外務大臣（当時）の公式ブログがヒットした。

２００９年11月17日の「※抹茶アイス――オバマ大統領の来日、食事会での１コマ」という記事である。

その中で岡田大臣は、日米首脳会談後（東京演説前夜）の晩餐会で、抹茶アイスを出されたオバマ大統領が劇的反応をしめしたようすを克明に描写している。

以下の部分である。

……最後に、非常に印象深い出来事がありました。つまり、最後のデザートになって、抹茶アイスクリームが出ました。実は、これは鳩山総理のアイディアだったわけですが、その抹茶アイスクリームを見た瞬間オバマ大統領が、「これは、何だ。これはアイスクリームか」と聞いたわけです。

「そうだ」と総理が答えますと、大統領はそれを一口食べて、「自分は５歳のときに日本に来て鎌倉に行った。そのときに、この抹茶アイスクリームを食べたことを覚えている」と、こう言われました。

それから、鎌倉の大仏を見た話。それから、場所は分からないのですが、きれいな湖があって、そこで過ごしたことなどを言われました。おそらく芦ノ湖

※記事は「岡田かつや TALK-ABOUT―― 衆院議員 岡田克也 公式ブログ」の一部として、2015年12月現在もインターネット上に掲示されている。

ではないかという話になったのですが、抹茶アイスクリームを見た瞬間、フラッシュバックのように、5歳のときの過去の様々な思い出が蘇ったという感じで、オバマさんは翌日のサントリーホールで行われた演説でもその話に触れたわけですが……。
（「抹茶アイス――オバマ大統領の来日、食事会での1コマ」2009年11月17日（火））

このブログを読んで、わたしの仮説は（主観的）確信に変わった。
仮説を立てて、それを検証する。これも、読みの面白さの一つである。

もう一つ補足したい。
オバマ大統領の自伝「※マイドリーム」の中で、日本に関する叙述を探してみた。
これは、予想外に大変な作業だった。
540ページの自伝中、日本について触れられているのはわずかに次の三行だった。

途中、日本に三日滞在した。冷たい雨の中、鎌倉の大仏を見に行き、山の中の湖を走るフェリーで抹茶のアイスクリームを食べた。夜になると母は単語カードを使って、インドネシア語を勉強していた。（「マイドリーム・バラク・オバマ自伝」）

※「マイドリーム」バラク・オバマ（ダイヤモンド社）　白倉三紀子　木内裕也 訳

この短い記述を見つけ出し注目するには、かなり丁寧にこの本を読み込まなければならない。オバマ大統領に抹茶アイスのデザートを出すというアイデアが、この自伝によるものだとすれば、発想者は誠実にこの本を読み込み、「抹茶のアイスクリーム」の記述に何かを感じ取ったものと推察する。

その上で、次の仮説が浮かんだ。

オバマ少年のお母さんは、息子をいきなりインドネシアに連れてゆくのではなくて、半分東洋的で、半分西洋的な日本文化にまず触れさせることで、息子が受けるだろうカルチャーショックをやわらげようとしたのではないだろうか。日本がたんなる中継点なら、三日も滞在する必要はなかったのだから。

母の試みは成功した。「抹茶アイス」はその象徴である。

オバマ大統領にとって、抹茶アイスの甘さの中には、母の愛がこめられている。

4 「日本のせんたく」のなぞ

坂本龍馬の次の言葉は有名だ。

日本を今一度せんたく致し申し候

龍馬の肉声が聞こえてくるような魅力的な言葉である。

文久三年、姉乙女にあてた手紙の中に書かれている。

長州と戦って傷ついた異国の軍艦を幕府が手伝って江戸で修理していることを、「売国奴！」と憤った龍馬が、乙女姉にその思いを吐露したものだ。

ところがこのフレーズには、なぞがある。

たとえば生徒たちに「『日本のせんたく』とは、具体的には何を意味しているのだろう？」と問うと、答えが返ってこない。

それでも強引に問うと、

P「……売国奴をやっつけること」
P「……日本を改革すること」
P「……革命を起こすこと」
などと答える。ところが、「売国奴をやっつけること」と「改革」と「革命」はかなり異なる。
T「一体この三つのなかのどれなんだろう？」
と発問すると答えられない。
　次の場合も同じであった。
T「『日本を今一度……』と龍馬は言っているね。『今一度……』とは、もう一度っていう意味だ。ということは？」
P「前に誰かがせんたくしている」
T「そうだね。龍馬のせんたくは、二度目のせんたくだということになる。
　では一体、前に誰が日本をせんたくしたと、龍馬は思っているのだろう？」
P「……」

生徒たちが答えられないのは、このフレーズがどういう文脈中で使われているかを知らないからだ。この文は以下の文章中に出てくる。（読み上げる）

……まずは朝廷から、この神州を守る大方針を発し、……売国奴の役人たちと戦って、これを撃ち殺して、この日本を今一度せんたくしたいと強く覚悟をし、神に願う気持ちなのです。（「これなら読める龍馬からの手紙」齋藤孝・小学館）

その上で、生徒たちの答えられそうなことから発問してゆく。

T「『せんたく』って不自然な言葉だよ。武士の男はふつう洗濯はしない。今の『専業主夫』とは違う。

龍馬はなぜ、『せんたく』という武士らしくない言葉を使ったんだろう？」

P「あっ、手紙を読むのが乙女姉さんだから」

T「そうだね。『※姉さんが一生懸命せんたくをしているように、私は日本のせんたくをいたします』と言っている」

T「一見豪快で野放図な言葉のようだけど、実は姉さんへのいたわりをこめた繊細な言葉だ。

では、口語訳の中に『神に願う気持ち』ってあるけれど、この神ってどういう神だろう？キリスト教の神？」

※乙女の婚家には家事の得意な姑がいて、家事の苦手な乙女と不仲だったとも伝えられている。

P「神道の神だと思います」

T「そうだね。『御仏《みほとけ》』と言っているわけじゃない。『神』と言えば神道だろう。神道では、『けがれ』をはらうときに『みそぎ』という儀式をする。水でけがれを洗い流すんだ。『みそぎ』のことを龍馬流に『せんたく』と言ったんじゃないか、と先生は考えている。

次も仮説だけど。

訳の中に『朝廷から、この神州を守る大方針を発し』ってあるね。日本の支配層に『けがれが蓄積』し、それを一掃するということで朝廷から大方針が出されたことがあるんだけど、それっていつのことだか知ってる？　武士の支配を朝廷が一時的に転覆したときだけど」

P「建武の中興かな……」

T「その通り。後醍醐天皇は鎌倉幕府を倒して、建武の中興と呼ばれる天皇親政の政治を行った。

このとき後醍醐天皇に味方して活躍した武将、楠木正成を龍馬は尊敬していたそうだよ。

すると、『日本のせんたく』の意味がわかる。前に日本を洗濯したのは？」

P「後醍醐天皇や楠木正成」

T「彼らがしたことは、ずばり『倒幕』だ。

すると、龍馬が日本をせんたくしますと言っていることの意味は？」

P「倒幕！」

この手紙を書いたとき、龍馬は勝海舟の門人として、神戸海軍塾にいる。この読みが当たっていると仮定すると、龍馬は幕府の世話になりながら、密かに倒幕を考えていたことになる。

言葉の細部に本音がにじみ出る。それを読み取るところに、読みのスリルとサスペンスがある。

龍馬のこの言葉については、ネット上で様々な議論があるようだ。「今一度」は「もう一度」ではなく、「〝いっちょう〟やってみるか」という「調子づけ」の言葉ではないかという意見も多い。この読みにも説得力がある。

ああなのか、こうなのかと考えてみる。それも読みのスリルとサスペンスである。

❖❖❖ 補足 ❖❖❖

教科書中の文章もそれ以外の文章も、読みの方法は同じである。

書かれた言葉を言葉通りに読み取る（＝表層の読み）。そこで出合う「なぞ」に留意する。深い文章ほど、多くの「なぞ」を隠している。（もちろん、「なぞ」のない浅い文章もある）。「なぞ」を見つけたら、筋道を立てて粘り強く読み解いてゆく「なぞ」を整合的に説明できる解釈を探ってゆくのである。すると、読みの世界が大きく広がる（＝深層の読み）。

この法則は、英語にも適用可能だ。

映画やドラマ、マンガやアニメの中のセリフも、「深層の読み」の対象になる。

大げさに言えば、自分の生き方や他者の生き方、歴史や社会情勢までも、読みの対象になる。

読みの力は生きる力でもある。楽しみながら、この力を身につけていっていただきたい。

褒姒はなぜ笑ったのか？

井上靖の「褒姒の笑い」は、教科書にはおそらく載らない作品だろう。かすかに〝悪〟の匂いがただよう物語だからだ。耽美的な愚行と「世界の滅亡」が描かれている。けれど、だからこそ生徒たちを強烈に惹きつけるのである。

井上靖は、同名の散文詩「※褒姒の笑い」の中で褒姒の話を知ったときの衝撃をこう語っている。

> 私がこの話を聞いたのは中学校の教室に於いてであった。
> 私にはその時褒姒の笑う声が聞こえた。それは※松籟《しょうらい》の音のようにも、玉の揺らめきのようにも、大地の裂けるとどろきのようにも聞えた。それ以後私はなべて笑いというものを、どこかに空疎なものを持ったものとしてしか聞くことはできないでいる。たれもが褒姒のようには笑わないからである。

※「井上靖全詩集」（新潮文庫）
※松籟……松の梢に吹く風

1　褒姒の笑いのなぞ①

井上靖作「※褒姒《ほうじ》の笑い」は思い出深い作品である。

国語教師になったころ、中学生たちを授業に惹きつけることができず悶々としていた時期がある。そんなとき、大学時代に読んで衝撃を受けたこの作品を思い出した。

五枚のプリントに手書きして、授業に投げ入れてみた。すると教室の空気が一変した。生徒たちが身を乗り出してきたのである。

このとき、いくつかの工夫をした。

初回の授業では、「褒姒の笑い」というタイトルだけを与え、生徒たちに短い物語をつくってもらった。

「『褒姒の笑い』と『花子の笑い』を比較してください。かなりイメージが違うでしょう。『褒姒』という漢字は画数が多い。『花子』は少ない。画数が多いと、やっぱり複雑なイメージが浮かんでくるね」

と助言する。

生徒たちは、ミステリー、ホラー、SF、ファンタジー、時代劇など、様々なショートストー

※新潮文庫・短編集「楼蘭」所収

リーを創作する。教科書っぽくない、スリリングで不気味な物語が多かった。褒姒のキャラクターが、中学生なりに、複雑で陰翳《いんえい》に富んでいた。その中でも特に面白かったものを授業の中で朗読する。

このプロセスで、「褒姒」という覚えにくい名前が、生徒たちのものになってゆく。プリントの配り方も一工夫した。授業ごとに一枚しか配らないというやり方である。一枚目の授業が終わると、続きを生徒たちに想像させ、また短い物語をつくってもらう。次の授業で、それらを朗読し、続きの授業へ入ってゆく。

そうすると、生徒たちは自分たちの書いた作品と本物の作品を比べ合わせ、様々な感想を抱きながら授業に参加してくる。

ところが先が待ちきれないと、次のストーリーを聞きにくる生徒が続出した。もちろん先の内容は教えないが、「生徒が夢中になる授業」があるのだということを、このときはじめて知った。

褒姒のことは話としては、わたしは高校時代から知っていた。中国史の入門書で読んだことがあったからだ。

古代中国の周の王妃褒姒は、絶世の美女であったが、笑うことのない王妃として知られていた。夫である幽王《ゆうおう》は、王妃を笑わせようとあらゆる手段を講じたが、褒姒は笑わなかった。

あるとき幽王は褒姒を笑わせるために、異民族の襲来を知らせる烽台《ほうだい》に火を入れてみた。家臣たちは王宮に駆けつけ、大混乱が発生した。このとき褒姒がはじめて笑った。

　これに狂喜した幽王は、毎年のように烽台に火を入れさせる。しかし褒姒は笑わなかった。ある年、本当に異民族が攻め寄せてきた。このとき幽王は、急を告げるという本来の目的のために、烽台に火を入れた。しかし、王宮に駆けつけてくる家臣はいなかった。周は滅び、「春秋・戦国」と呼ばれる混沌の時代が始まる。

　井上靖の「褒姒の笑い」は、表面的にはこの伝説をほぼ忠実に再現した作品で、文庫本でわずか十ページほどの短編小説である。知っている話なのに大学時代、この作品を読んで衝撃を受けた。

　文体の力に圧倒されたのである。以下が冒頭である。

　名君の誉《ほま》れが高かった宣王《せんおう》が逝《ゆ》くと、そのあとを承《う》けて幽王《ゆうおう》が位に即《つ》いた。幽王の二年、周では都鎬京《こうけい》に大きい地震があった。ために涇水《けいすい》、渭水《いすい》、洛水《らくすい》の三川《さんせん》大いに震《ふる》い、水溢《あふ》れ、水竭《つ》き、山は崩《くず》れた。

　※太史《たいし》伯陽父《はくようほ》は言った。

　――周まさに亡《ほろ》びんとす。……いま三川尽《ことごと》く枯れて山崩るるを見る。天の国を棄《す》てる十年を過ぎざるべし。（同書・ルビ筆者付記、以下同）

※太史……宮廷の記録係の長官。天文・暦法もつかさどった。

格調の高い文章である。「国家滅亡の予言」に強烈な響きがある。独特のリズムと奥行きを持った文体が神秘的な雰囲気をかもし出している。この文章が主人公の褒姒を描くときに、微妙な陰影を帯びるのである。すると行間に隠された何かが、読み手にささやきかけてくるように思われる。

褒姒が幽王の後宮《こうきゅう》に上がることになったのは、伯陽父が不吉な予言をした同じ年の暮れであった。褒姒の「褒」は彼女がそこに住んでいる小部族国家の名前であり、「姒」は彼女が生い育った貧しい家の姓であった。褒姒の父は山桑《やまぐわ》で弓を、箕草《みのぐさ》で箙《えびら》を作り、それを鬻《ひさ》いで生計の資としていた。……母は弓の材料である山桑を得るために、毎日のように深山に分け入っていた。（同書）

冒頭に続く叙述だが、この部分だけでもいくつかの「なぞ」がある。

例えば、褒姒は貧しい家の娘だったとある。貧しい家の娘が、どうして王の後宮へ入ることができたのだろうか。

また、伯陽父の予言があったまさにその年に褒姒が後宮に上がったことは、褒姒と国家の滅亡との間に何かの関連があるという伏線だろうか。

さらに、「褒」は小部族国家の名前だという。だとすれば、「褒」にも国王がいたはずである。「褒」の国王と周の幽王の関係はどういうものなのだろうか。

幽王はたんなる国王ではなく、王の中の王、王を統治する王、後に「皇帝」と呼ばれることになる特殊な王だったのではないか。いわば地上の神だったのではないか。

……というように。

文体の魅力に引き込まれて行間を読み込んでゆくと、どうしてもある疑問に行き当たる。民話・伝説としての「褒姒の笑い」を読んだときには読み流していた「なぞ」である。

褒姒はなぜ笑わないのか……という疑問だ。これだけ奥行きのある文体で描かれた物語なら、この問いに対する答えも、言葉の裏に隠されているのではないか。そう思わずにいられなかった。

そしてこの問いは、もう一つの問いへとつながってゆく。

幽王が烽台に火を入れたとき、褒姒は笑う。なぜ褒姒は笑ったのだろうか。それまで一度も笑わなかったのに。

実は井上靖の「褒姒の笑い」では、褒姒は二度笑う。

一度目は、幽王がはじめて烽台に火を入れたとき。もう一度は、異民族の襲来によって周が滅びるまさにそのときである。宮殿の回廊から国の滅亡を見つめながら、褒姒は声高く笑う。

二度の笑いの意味は何だろう。同じ笑いなのか、違う笑いなのか。

学生時代の私には、この疑問を解く手がかりがつかめなかった。作品を授業に投げ入れることで生徒たちといっしょに考えることにしたのである。

すると、様々な意見が出された。そして一つの仮説が浮上した。これは生徒たちとわたしの合作である。百パーセント客観的とは言えないかもしれないが、本文との整合性を前提にした上でのスリリングな仮説である。

実は井上靖「褒姒の笑い」では、物語のエピローグにおいて、語り手がこのなぞに答えを提示している。

司馬遷の「史記」中の説話が紹介される。その中では、褒姒は「(泡《あわ》から生じた)イモリに変身した神竜」が後宮に仕える名もなき娘に生ませた子、とされている。そして不気味に思った娘によって道端に捨てられる。その子を拾って育てたのが、貧しい弓づくりの夫婦だというのである。

この説話を紹介した後、語り手は次のように述べて物語を終える。

この話に依《よ》ると、褒姒はイモリの子にされているが、泡《あわ》の子であると言ってもいいし、神竜《しんりゅう》の子であると言ってもいいわけである。いずれにしても、国に対して不祥《ふしょう》に作用する何ものかを持っているものと言うほかはなく、……こう考えるとこの説話は褒姒が幽王の寵妃《ちょうひ》でも愛妃でもなく、謂《い》うならば、幽王の運命そのものであるということを物語っているように思われる。運命であるとすると、褒姒が笑わなかったことは異とするには当たらないようである。それが内部深くに匿《かく》しもっている生命のようなものが動き出した時だけ、運命は妖

しい会心の笑みを浮かべたのである。褒姒は笑ったのである。（同書）

不気味で、凄みのある語り口である。

「易姓革命《えきせいかくめい》」と言われる思想が中国には昔からある。天命によって王朝が交代するという考えだ。

褒姒は天命の変更を幽王に手渡すべく天から送りこまれた超自然的存在だったのではないか……と語り手は述べている。

この思想は作品のテーマの一つであり、だからこそ最後の褒姒の笑いは、人間の営みや歴史を超越した壮絶な凄みを感じさせるものとなっている。

しかし、同時にこの物語は、伝説や説話とは明らかに異なるリアルな描写によっても語られているのである。

伝説ではほとんど触れられていない、褒姒の生い立ちが小説では語られている。

この部分を生徒たちといっしょに追求してゆくと、「運命＝超自然的存在＝神竜の子」とは思えない生身の褒姒の人物像が浮かび上がってくる。

褒姒も亦《また》幼い時から母と共に山にはいったが、娘時代になって、その天性の美貌《びぼう》が人の噂《うわさ》になるようになると、母は娘に家事を受け持たせ、手の荒れるこ

とを恐れて、山へ連れて行くことはなかった。（同書）

こういう部分に生身の褒姒の秘密が隠されている。

T「『母は……手の荒れることを恐れて、山へ連れて行くことはなかった』ってあるけど、どうして手が荒れることを恐れたの？」
P「美人なのに手が荒れると傷になるから」
T「じゃ、どうして傷になったらいけないの。美人でなくてもいいんじゃない？」
P「美人じゃないと、いい家にお嫁にいけない」
T「いい家にお嫁にいかなくてもいいんじゃない？」
P「いいんだけど、この両親はいい家に嫁にいかせたかったんじゃないかな」
P「両親は、褒姒をいい家に嫁にやって、自分達がそこから利益を得たいと思っている」
T「どうしてそう言える？」
P「お母さんは幼いときから褒姒を山で働かせている。本当は働かせたいのに、それをあきらめたのは、褒姒をいい家に嫁にやった方がもっと儲かると考えたからじゃないのかな」
P「美貌が噂になるまでは、山で働かせていたわけだし……」
T「手が荒れることをおそれたのは、すくなくとも、娘へのいたわりからだけじゃないってことだね」

……というふうに、「生身の褒姒」を「超自然的存在としての褒姒」とは区別して追求してゆくと、しだいに「なぞ」が解けてくるように思われる。

そのプロセスをたどってゆきたい。

❖補足❖

生徒たちが身を乗り出してくるのは、伯陽父の予言からである。「国家の滅亡」＝「世界の滅亡」と「褒姒の生い立ち」がどこでクロスするのか、生徒たちの関心は、そこに集まる。

思春期は「自分くずし」の時代である。それは、「自分の世界」がくずれてゆく時期でもある。「自分くずし」と「世界の滅亡」はどこかでつながっているように思われるのである。

2　褒姒の笑いのなぞ②

今回は褒姒の存在の「二重性」に迫りたい。
褒姒の生い立ちにおいて、次のことが強調されている。

（A）褒姒は幼い時から自分が拾い子であり、両親の情けでいま生きていられるのだということを言いきかされて生い育って来た。他国の道端に棄てられて夜泣きしていたのを、憐《あわ》れに思った両親に拾われ、一緒にこの褒（陝西《せんせい》省）の国に連れて来られたということであった。両親は拾い子だ、拾い子だと言い含めることに依《よ》って、娘に恩を着せているわけであった……（同書）

生徒たちの認識をゆさぶるために、あえて意地悪な発問をしてみる。

T「『褒姒は……自分が拾い子であり、両親の情けで……』とあるけれど、本当に拾い子だったのかな？」

P「……実の子だったかもしれない。『娘に恩を着せている』ってあるから、恩を着せるために両親は嘘を言ったのかもしれない」

T「何のために恩を着せるの？」

P「褒姒が将来いい家にお嫁にいったとき、恩返しをさせるため」

P「でも、本当に拾い子だったからこそ恩を着せたとも考えられるんじゃないかな……」

P「どっちにしても、褒姒は幼いときから美人だったと思う。将来いい家にお嫁にいける、みたいな。で、両親は欲が出た。『拾い子だ、拾い子だ』と言い含めたのは、投資だったと思う。ハイリターンをねらってた」

生徒たちからは様々な意見が出る。

T「褒姒は両親が言うように拾い子だったかもしれないし、実は本当の子だったかもしれない。そこはわからないんだけど、この書き方には、実の子をだまして恩を売っているんじゃないか……と思わせるふしもあるね」

語り手は、褒姒が拾い子だったのか実の子であったか、ということを明言しない。これは、褒姒の正体に含みを持たせ神秘化するための仕掛けだと、読むこともできる。

エピローグで紹介される「史記」中の説話によれば、褒姒は「イモリに変身した神竜」が、後宮に仕える名もなき娘に生ませた子、とされている。だとすると、褒姒は人間ではないことになる。天命の変更を告げ知らせるべく、天が下した超自然的存在――つまり「運命の化身」……という解釈も成り立つのである。

しかし、語り手は、この説話を百パーセント真とみなしているのなら、はじめから説話を語るはずだ。語り手がこの説話を物語の「後書き」として、ごく短く付け足しているにすぎない。語り手は褒姒を――超自然的存在かもしれないと含みを持たせつつ、生身の人間としてもリアルに描いている。褒姒は「生身の人間」であって、同時に「超自然的存在」なのである。そういう二重の存在として描かれている。

そう考えると、この物語は理解できるのである。

T「褒姒が拾い子だったかどうかはわからない。

でも、反復され強調されていることは、『言いきかされて』『言い含める』とあるように、褒姒は『両親の情けでいま生きていられるのだ』と言われ続けてきたということだ。特に『言い含める』という言葉には、『刷り込む』『洗脳する』に近い強烈なニュアンスがある。

自分が拾われてきた子で、両親の情けによって今生きていられるにすぎないと『言い含め』られることは、子どもにとっては相当にショッキングなことだよね……」

ところが、（A）の記述は（B）のように続く。

（B）……両親は拾い子だ、拾い子だと言い含めることに依《よ》って、娘に恩を着せているわけであったが、褒姒の方はそんなことでいっこうに心を動かされなかった。拾い子であろうとなかろうと褒姒にとっては他に父も母もなかった。

（同書）

二通りの読みが可能である。

褒姒にとって、自分が拾い子であるかどうかということは「そんなこと」でしかなかった。ささいなことだった。褒姒の心は強靭だった、非人間的なくらい。

もう一つの読みは、こうだ。

褒姒の心は強靭だったのではなくて、文字通り動かなかった。心が――感情が麻痺していた。だから、ショッキングな言葉も褒姒の心を素通りした、という読みである。

「拾い子であろうとなかろうと褒姒にとっては他に父も母もなかった」という表現は、次のようにも読めるのではないか。

幼児にとって両親は――つまり家庭は、全世界を意味する。この家庭の中で褒姒は、幼いときから自己の存在を否定され続けてきた。自分は拾い子であり、両親の情けで今生きていられるにすぎない、と……。

褒姒の心に刷り込まれたのは、「他国の道端に捨てられ夜泣きをしていた」憐れな赤子としての自分の姿だった。つまり、世界から拒否されている存在としての自分である。これは幼い子どもにとっては耐え難い自己認識だろう。

この衝撃を回避するために、褒姒の感情は麻痺してしまった……と読めないだろうか。

「笑わない美女」として生きることになる後年の褒姒の描写をたどってゆくと、褒姒は単に笑わなかっただけではなく、感情表現そのものをしなかったことがわかる。

褒姒は後宮にはいった時も、王子伯服を生んだ時も、嬉《うれ》しいのか、悲しいのか、その表情を動かすことはなかった。(同書)

褒姒は自分が正妃となり、自分が生んだ伯服が皇太子になっても、やはり感情というものは顔に現わさなかった。(同書)

褒姒の顔は、能面のように※無表情だったのである。

感情を顔に表さなかったのは、感情がなかったから——感情が麻痺していたからではないだろうか。国が滅んだときに褒姒が笑ったのは、そのとき感情が蘇ったからではないだろうか。

そう考えると、物語のつじつまが合うのである。

もちろん、褒姒が人間ではなかったから感情を表さなかった、という読みも可能である。

※クライマックスで褒姒が笑うとき、「…口辺の筋肉がゆるんだと思うと、また笑いがその口から漏れた。」とある。「口辺の筋肉がゆるむ」ということは、褒姒の表情は日頃は硬直していたと読めるのではないだろうか。

前節で紹介したように、物語は次の言葉で終わっている。

……この説話は褒姒が幽王の寵妃でも愛妃でもなく、謂《い》うならば、幽王の運命そのものであるということを物語っているように思われる。運命であるとすると、褒姒が笑わなかったことは異とするには当たらないようである。それが内部深くに匿《かく》しもっている生命のようなものが動き出した時だけ、運命は妖しい会心の笑みを浮かべたのである。褒姒は笑ったのである。（同書）

褒姒が幽王の運命の化身であるなら「褒姒が笑わなかったことは異とするに当たらない（運命そのものであるなら人間ではないのだから）」と語られている。

しかし語り手は、無条件には「説話」を受け入れていない。「この説話は……物語っているように思われる」「褒姒が笑わなかったことは異とするに当たらないようである」と、慎重に断定を避けている。

なぜなら、褒姒は二重の存在だからである。褒姒は、「生身の人間」であって、同時に人間ではない「超自然的存在」として描かれているのだ。

もし褒姒が人間ではなく、したがって人間性を持たず、超自然的な妖怪めいた存在としてのみ描かれていたなら、この物語の面白さは半減する。

他方、褒姒が超自然的要素を全く持たず、感情を喪失した不幸な女としてのみ描かれていたら、物語の凄みは失われるだろう。

存在の二重性が、褒姒の人物像に独特の奥行きと強烈な存在感を与えている。悲しく、せつなく、不気味で、恐ろしい、なぞの女、褒姒なのである。

――すると、褒姒はなぜ笑ったのか。

この問いが残るのである。

❖ 補足 ❖

褒姒の存在の「二重性」については、授業では深入りしない。「生身の褒姒」の生い立ちと「世界の滅亡」のクロスする地点に向かって授業をしぼりこんでゆく。

3　褒姒の笑いのなぞ③

褒姒が笑ったとき、国は滅んだ。

なぜ褒姒は笑ったのだろう。この「なぞ」を読み解きたい。

だがこの問いに答えるには、なぜ褒姒が笑わなかったのかを、まず解明しなければならない。

前節で分析したように褒姒は、「生身の人間」として描かれながら、同時に「超自然的存在」としても語られている。つまり、二重の存在として描かれている。けれど、中学生にとってわかりやすいのは、「生身の人間」としての褒姒である。

「お前は拾い子だ、拾い子だ」と言い聞かされて育てられる幼児の不安が、中学生には皮膚感覚でわかるところがある。思春期の生徒たちは疎外感に敏感だ。

なぜ褒姒は笑わなかったのか。この問題を、「生身の人間としての褒姒」という視点に限定して読み解いてゆきたい。（本書「褒姒の笑いのなぞ」③～⑤の考察は、全てこの観点からのものである）。

褒姒が「笑わない娘」であったことは、その生い立ちから語られている。

十五、六歳になると、褒姒の美貌は輝きだし、国内で誰一人知らぬ者はない程になったが、どういうものか、褒姒は決して笑うことのない娘として生育していた。どんな可笑《おか》しいことがあっても笑わなかった。笑わないことも亦、その美貌と共に国中に知られた。笑うことを忘れた娘をまん中にして、両親は言い争うことがあった。拾い子だ、拾い子だと言って育てたことが、褒姒から笑いというものを取り上げてしまった原因であるに違いないとして、二人はその罪を互いになすり合った。(同書)

文学作品の中で、同内容が言葉を変えて反復されるときは、その内容が強調されているときである。

「褒姒は決して笑うことのない娘として成育していた」「どんな可笑しいことがあっても笑わなかった」「笑わないことも亦……」「笑うことを忘れた娘……」と畳みかけてゆく反復表現が、褒姒の「笑わない」イメージを強烈に印象づけている。

T「褒姒は『笑うことのない娘』だったと書かれているね。じゃ、泣くことはあったのかな？あるいは、怒ることは？」

P「泣くことも、怒ることもなかったと思う……」

T「どうして？」

P「笑わないってことは、なんか感情がないみたいだし……」
P「逆に、泣いたり怒ったりするような人は、可笑しいことがあったら笑うんじゃないかな」
T「確かに褒姒には、感情がどこか麻痺しているようなイメージがあるね」

実際、「笑わない王妃」として生きる後年の褒姒の描写をたどると、褒姒は笑わなかっただけではなく、そもそも感情表現をしなかったらしいということが見えてくる。

T「なぜ、褒姒は『決して笑うことのない娘』として生育したんだろう？　たとえば、両親はその原因をどう考えていたの？」
P「『拾い子だ、拾い子だと言って育てたことが褒姒から笑いというものを取り上げた原因であるに違いないとして……』ってあるから、『拾い子だ、拾い子だと言って育てたこと』が原因だと思っている」
T「『……二人はその罪を互いになすり合った』と続くけど、『罪をなすり合う』ってどういうこと？」
P「自分のせいじゃなくて、あんたのせいで褒姒が笑わなくなった。美人なのに、いい家に嫁に行けない。恩返しも期待できない。みんな、あんたのせいだ……みたいな」
T「そうだね。だけど、そういう言い争いが起こったってことは、拾い子だ、拾い子だと言って育てたことが、褒姒の心にショックを与えて笑いを奪ったのかもしれないという自覚が両親にもあったってことだ。
そう言って育てた両親でも感じ取らずにいられなかったショック。これ、みんなは想像できるんじゃないかな？
幼い子どもにとって家庭がどういうものか、という点から考えてみよう。
家庭というものの重さは、子どもにとってと大人にとってと、どちらが大きいと思う？もちろん、どちらにとっても、重いものなんだけれど」

P「子ども……」

T「どうして？」

P「子どもは、家庭がなければ生きていけない……」

T「じゃ、大人は？」

P「大人は、なんとか生きてはゆける……」

T「そうだよね。家庭の保護がないと、幼い子どもは生きてゆけない。幼児にとっては、家庭は『全世界』を意味するからね。
その家庭の中で褒姒は、『自分が拾い子であり、両親の情けでいま生きていられるのだということを言いきかされて』生い育ってきた。
幼い褒姒の身になって考えてください。褒姒にとって、これはどういうことを意味するだろう？
褒姒は、この家で自分のことを、どういう存在だと感じていただろう？」

P「必要とされてない存在……」
P「居場所がない存在……」
T「そう。幼い褒姒は自分をそんなふうに感じたはずだ。褒姒は、この家庭における『招かれざる客』だったんだ」

ここで短い雑談を入れる。
古い映画「招かれざる客」の話である。招かれないのに来てしまった黒人青年が味わう孤独を描いた映画だ。この話を生徒たちの日常生活とリンクさせる。

T「たとえば仲良しのグループが、人気のアイドルの話で盛り上がっていたとする。そういうときに、自分だけその話題についてゆけないことってあるだろう、テレビを見ていなくて。そんなときに感じる、自分に居場所がないような気持ち。あれが『招かれざる客の不安』だ」

この話は思春期の中学生たちにとってインパクトがあるようだ。一瞬顔色が変わる生徒もいる。そして、多くの生徒たちが真剣な顔になる。
実に三十数年前から、中学生たちのこの反応は変わっていない。それだけ思春期の子どもは疎外感に敏感なのである。

ところで、三十年前にはこんな発言もあった。

P「褒姒は、自分のことを『お呼びでない』存在だと感じた……」

当時すでに死語に近かった植木等のギャグである。生徒は冗談で言ったのではなく、真面目な顔で言った。

T「そうだね。幼い褒姒は、自分が何かとてつもなく場違いなところに迷いこんでしまったような不安を味わっただろう。こういう不安を何というか知ってる？」

P「……」

T「『疎外感』と言います。この言葉、覚えておいてください。みんなにとってもたぶん切実な言葉だよね。

では、疎外感の反対を何というだろう？　自分とみんなが一つになっているという感情」

P「『一体感』かな……」

T「その通り。アイドルの話題についてゆけなくて疎外感を感じるのは、みんなとの一体感を求めているのにそれを得られないからだ。

幼い褒姒も同じだっただろう。

褒姒も両親との、家庭との、世界との、一体感を求めていたはずだ。ところが、お前は拾い子だ、拾い子だ、と言われ続けることで、求めた一体感は強烈な疎外感に変わった。幼児にとって、このショックは大きい。まともに受けとめたら心がこわれてしまう。だから褒姒は逃げ道を求めた。

でも、逃げ道はなかったんだ。お爺さんやお婆さんがいたり、兄弟姉妹がいたりすれば、誰かが褒姒を受け入れて、不安を癒やしてくれたかもしれない。でも褒姒の家は、今で言う『核家族』だった。しかも、褒姒は一人っ子だった。……

ただ褒姒には、一つだけ逃げ場所があった。それはどこだろう？」

P「……」

T「ヒント。外の世界には逃げ道がなかった」

P「……自分の心」

P「自分の内側」

P「心の奥底」

T「その通り。心理学でいう『無意識の世界』だね。それが褒姒の逃げ場所だった。褒姒は自分の感情を無意識の底へ抑圧し、心の扉をぴしゃりと閉ざした。感情を麻痺させれば、傷つくこともなくなる。

『※ダイヤモンドは傷つかない』っていうタイトルの小説がある。褒姒は『笑わない女』になることによって、ダイヤモンドのような傷つかない心を手に入れたんだ」

自分の存在を世界から拒否された褒姒は、自分が世界を拒否することによって、不安から自

※「ダイヤモンドは傷つかない」……三石由紀子・講談社文庫

分を守ろうとしたのではないだろうか。
そんな褒姒の心に感情が蘇るのは、「世界の滅亡」のときだ。
それについては、次節で述べてみたい。

❖ 補足 ❖

思春期は「自分くずし」の時代である。それは不安と孤独の時代でもある。傷つきやすい中学生たちにとって、傷つかない王妃、褒姒は、危険な魅力を持ったヒロインに見えるのである。〝世界を拒否して心を守る〟という〝戦略〟に、共感を抱く生徒は少なくない。

4　褒姒の笑いのなぞ④

ここで、褒姒の一度目の笑いを読み解きたい。

褒姒が笑う前提は、褒姒が後宮へ上がったこと、そして幽王が烽台《ほうだい》を建設したことである。まずは、その意味を読み解きたい。

また、笑う前に褒姒が烽台の火を眺める印象的な場面がある。この描写も詳しく分析してみたい。


褒姒が幽王の後宮に上がるという話は突然持ち上がった。国の王が罪を犯し、それを贖《あがな》うために美女を幽王に納《い》れることになって、貧しい武具作りの家の娘に白羽の矢が立ったというわけであった。（同書）

一個の品物のように褒姒は、褒の王から周の幽王に献上される。褒姒が後宮に上がることになったのは、王が犯した罪の代償としてだったのである。

白羽の矢が立ったと言っても、幽王の後宮にはいることは、田舎の貧家の娘にとっては、殆《ほとん》ど考えられぬような幸運であった。(同書)

けれど褒姒は、後宮へ入ってからも「笑わない女」であり続けた。

幽王は褒姒の美貌のとりことなり、なんとかその笑顔を見たいと願う。褒姒は、幽王が生まれてはじめて出会った、所有しきれない、支配しきれない、とどかない女だった。

その笑顔を見たいがために、幽王は褒姒を正妃《せいひ》の位につけ、さらに皇太子宜臼《ぎきゅう》を廃して褒姒の子伯服《はくふく》を皇太子とする。貧家の娘に対して、これは常軌を逸した処遇《しょぐう》だった。

だが、褒姒の顔に笑いは現われなかった。幽王はなんとしても褒姒の笑顔を見たいと切望する。

そうするうちに、正妃を廃された申后《しんこう》の父申候《しんこう》が異民族と手を結んで、反乱をくわだてているという不気味な噂が流れる。

この危機に対応するため、幽王は王宮のある驪山《りざん》の頂《いただき》に城壁をめぐらし、敵襲を告げるための烽台と鼓楼《ころう》をつくった。

だが、幽王の四年、五年、六年と、何事もなく過ぎてゆく。

幽王の七年のある夜、佞臣《ねいしん》に示唆されて幽王は、敵襲がないにもかかわらず烽台に火を入れた。そうすれば、褒姒が喜ぶのではないかと思ったのである。

すると、たちまち大混乱が生じた。

家臣たちは一人残らず王宮に馳《は》せ参《さん》じ、武装した兵と馬とは、王宮の周辺に集まって渦《うず》を巻き、やがて幾十かの集団となって、山腹を登って行った。混乱は王宮の周辺許《ばか》りではなかった。鎬京の城内は勿論《もちろん》、その周辺部の屯所《とんしょ》屯所から兵馬の集団は都を目指して移動し始めていた。（同書）

混乱は中国全土へ広がっていく。以下は、それに続く部分である。「静」の描写と「動」の描写の対比が鮮やかである。

褒姒は王宮の一室から驪山《りざん》の稜線《りょうせん》に沿って一定の間隔を置いて火の燃えるのを見た。月の欠けた夜だったので、赤い火焔《かえん》の舌が暗い夜空を嘗《な》めるのが、異様な美しさで眺《なが》められた。王宮を取り巻く闇は軍馬の嘶《いなな》きと移動する兵の騒擾《そうじょう》で満たされていた。王宮内も人の出入りが烈《はげ》しかった。朝臣も武人も周章《あわ》てふためいて馳せ参じ、烽台に火が揚がったのは敵襲のためでないと知ると、ただ呆然《ぼうぜん》として山巓《さんてん》の火に見入る許《ばか》りであった。廻廊《かいろう》にも庭にも、そうした人たちが群がっていた。（同書）

褒姒が王宮の一室から烽台の火を見る場面には、一種異様な静けさがただよっている。

Ｔ「『赤い火焔の舌が暗い夜空を嘗める……』という印象的な表現があるね。この表現を読み解いてみよう。

『暗い夜空』って変な表現だよね。どこが変？」

P「夜空は暗いものだから、わざわざ『暗い』という必要はない……」

T「そうだね。では、どうして『暗い夜空』なんて言ったんだろう？」

P「もの凄く暗かったから」

P「どうしてそんなに暗かったの？」

P「月の欠けた夜だったから」

P「周の滅亡を予感させるような暗い不気味な夜空だったから……」

P「『赤い火焔』と対比させるため」

T「どういうこと？」

P「『赤い火焔……が暗い夜空を……』とあるから、『赤い』と『暗い』が対比されてるんじゃないかな」

T「なるほど。赤と黒の強烈な色の対比だね。

では、『嘗《な》める』ってどういうこと？『赤い火焔の舌が暗い夜空を嘗めるのが……』とあるだろう。本当に、ペロペロなめているわけじゃないよね。

これ、比喩表現です。こういう比喩は、『ような』を使った単純な比喩に置き換えるとわかりやすくなるよ」

P「……怪獣が赤い舌で空をなめるように、赤い炎が夜空で動きまわっていた」

T「『嘗める』というんだから、炎は？」
P「動いている……」
T「ということは？」
P「風がある」
T「怪獣の舌っていう読みだけど、中国を代表する怪獣がいるよね」
P「……竜」
T「そう。まるで竜の舌が真っ暗い夜空をなめるように、赤い火焔が空に動いていた。不気味な光景だね。
ところが、『赤い火焔の舌が暗い夜空を嘗めるのが、異様な美しさで眺められた』と書かれている。
美しい？
『眺められた』というのは、誰が眺めたの？」
P「褒姒」
T「どうして褒姒とわかる？」
P「その前に『褒姒は王宮の一室から驪山の稜線に沿って一定の間隔を置いて火の燃えるのを見た』と書かれているから」
P「そうだね。
としたら、『異様な美しさ』を感じているのは誰？」

P「褒姒」

T「『褒姒の笑い』の語り手は、基本的には人物の心理描写をしない非情な語り手だ。ところが例外がある。その一つがこの場面だ。

語り手は褒姒に寄り添い、褒姒の目を通して、夜空を眺めている。間接的に、褒姒の心中が読者に伝わる。褒姒は、『赤い火焔の舌が暗い夜空を嘗める』のを美しいと感じている。なぜ美しいと感じたのか。それはここではわからない。

でも、おやっと思うことがある。これまでの褒姒の人物像と何かが違う。何が違うの?」

P「……感情がある」

T「どういうこと?」

P「美しいと感じるのも感情……」

T「そうだね。

この直後に褒姒が笑うことを考えると、褒姒の心に感情が蘇りつつある、と言えるかもしれないね」

次が、褒姒が笑う場面である。

このとき、さりげなく語り方が変わる。語り手の視点は褒姒を離れ、幽王の側に移動する。読者は幽王の目を通して褒姒を眺めるのである。

幽王は褒姒に山巓《さんてん》の火を指し示して、美しいかどうかを訊《たず》ねた。すると、褒姒の顔に初めて笑みが現れ、低い声であったが、笑声がその口から漏れた。幽王は驚いて褒姒の顔に見入ったが、その時はもう褒姒の顔からは笑いは消えていた。併《しか》し、このことは幽王を狂喜させた。幽王には微《かす》かな笑みを浮かべた妃の顔が、妖《あや》しく、美しく、この世ならぬものに見えた。（同書）

褒姒が笑った瞬間の描かれ方から、笑いのなぞを読み解きたい。

T「『すると、褒姒の顔に初めて笑みが現れ……』とあるね。映画で言えば、褒姒の顔がアップになるところだ。みんなも頭の中のスクリーンに浮かぶ褒姒の顔を想像してください。褒姒の顔は正面、それとも横顔？　どっちの顔が浮かんでくる？」

P「……横顔」

T「なぜ横顔だと思う？」

P「……」

T「褒姒の顔を見ているのは誰？」

P「幽王」

T「そうだね。視点は幽王の側にある。幽王は今、褒姒に山巓の火を示しながら、『美しいかい？』とたずねている。つまり、二人は山巓の火を見上げている」

P「そうか。褒姒は山巓の火を見ていて、その横顔を幽王が見ている」
T「だから読者も、幽王といっしょに褒姒の横顔を見ることになる。じゃ、横顔のどこに笑みは現れたの？」
P「ほっぺた」
T「そう。頬だね。額では笑わない。映画で言うと、褒姒の横顔がアップになって、次の瞬間スローモーション映像になる。
……深い湖を思わせる褒姒の頬の底から、ひとすじの水泡《みなわ》のように笑みがのぼってきて、ゆっくり花開いて、かすかな波紋を残して消えてゆく……。
そんな感じだ。カメラワークが鮮やかだ。さっきまでは、中国全土の混乱を映していたカメラが、都鎬京《こうけい》へ、鎬京から王宮へ、そして王宮の一室へとしぼりこまれていって、最後に褒姒の横顔の一点で静止する。
ところで、この褒姒の笑いだけど、どんな笑いだったんだろう？」
ここで授業に遊びを入れる。生徒たちからいろいろな笑いの擬声《ぎせい》語を出してもらい、板書してゆくのである。
P「ハハハ」
P「ホホホ」

……ふざけて、

P「ヒヒヒ」
P「オーホホホ」
P「カンラカンラ」
P「ドヒャヒャ」

などと言い出す生徒もいる。

中学生はこういう遊びが大好きだ。重いテーマへ迫る前のウォーミングアップとして、こういう時間も大切にしている。

けれど最終的には、次の意見が支持を得る。

P「フフフ……」
T「どうして『フフフ』なの？『ホホホ』じゃなくて」
P「『低い声であったが笑声がその口から漏れた』と書いてあるから。『ホホホ』は高い声だし」
T「なるほど。だけど、こうも書いているよ。『幽王が見たときにはもう笑いは消えていた』つまり、笑みが浮かんだ。あっ、と思ってさらに『見入った……』。けどもう、笑みは消えていた。つまり、そばで顔を見ていた幽王にも、はっきりとはとらえられないくらいかすかで、あっという間に消えてしまう笑みだったんだ。

……すると、これは「フフフ」よりもっと短いね。どんな笑いだろう?」

P「フ……」

T「そうだね。これは『フ……』だと先生も思う。不気味な笑いだ。

さて、一体褒姒はどうしてこの不気味な笑いを笑ったのだろう? この笑みの正体は何だろう?

先生の仮説を紹介したい。

あるとき気がついた。烽台に火が上がった日、王宮へ駆けつけて、これは戦《いくさ》じゃない、幽王と褒姒のためのたんなる花火大会にすぎないんだ、と知らされた武人たちは、その瞬間どういう存在になったのか。

一体どういう存在になったと思う? 彼等は『呼ばれもしないのにやってきた馬鹿なやつ』になってしまったんだ。……こういう存在を何と言う?」

P「……お呼びでない存在」

T「そう。前の授業で出た言葉だね。もっと別の言い方もできる。何とかの客……」

P「招かれざる客」

T「そうなんだ。彼等は驚いたり、あきれたり、怒ったり、絶望したりしたはずだが、一番深刻に感じたのは、俺たちは『お呼びでない存在』だという、なんともいいようのない情けない気持ちだったはずだ。

一体俺たちは何のためにここにいるんだ。俺たちって一体何なんだ。この不安。つまり、いるべきでないところにきてしまったという不安。これは、昔誰かが味わった不安だ。誰だろう？」

P「褒姒」

P「子どもだったころの褒姒」

T「そうだね。さらにつっこんでみたい。武将たちをこの王宮へと導いたのは、彼らの国に対する何ですか。国を救おう、幽王を救おうという……」

P「忠誠心」

P「愛国心」

T「こういう気持ちは何から生まれる。自分の運命と国家の運命は同じだという、自分と国家は一つだという……国家との？」

P「一体感」

T「そうだ。さて、一体感を裏切られ、自分の存在価値を奪われる。そういうみじめな気持ちを何といいますか？」

P「疎外感」

T「そうすると見えてくるような気がする。なぜ褒姒が笑ったかが。……なぜ褒姒は笑ったんですか？」

P「武人たちの情けなさが、自分が子どもだったときに味わったのと同じ情けなさだったから」

T「褒姒は家庭の中で、『拾い子だ、拾い子だ』と言われて育ってきた。『お呼びでない存在』であり、『招かれざる客』だった。褒姒はそのつらさ、悲しさ、情けなさ、そしてなによりも、深刻な不安によって感情が麻痺し、感情表現をしなくなった。

その褒姒が、かつての自分と同じ立場に立たされた家臣たちを見て、笑った。つまり、家庭という小宇宙で起こった悲劇が国家という大宇宙の中に再現してしまったんだ。

褒姒の家庭的悲劇の向こうに、国家滅亡の悲劇が生起し、国家滅亡の悲劇のかなたには褒姒の家庭の悲劇が反響する。そういう悲劇の二重奏。

『易姓《えきせい》革命』がこういう皮肉な形で成就されてゆく。そこに、この物語の深層のテーマがあると読めないだろうか」

翌年も幽王は褒姒の笑顔を見たいがために、烽台に火を入れた。

> 王宮はまた、血相を変えてやって来て、あとは喪心《そうしん》したように痴呆《ちほう》の表情をする奇妙な訪問者たちで脹《ふく》れ上がった。（同書）

「※喪心」したように「痴呆の表情」をする「奇妙な訪問者たち」。……彼等のイメージを反転させると、家庭内の「招かれざる客」だった褒姒の、能面のように無表情な顔が浮かび出るような気がする。

※喪心……心を失うこと。一種の感情麻痺に陥っている。

だとすれば「フ……」は、褒姒の無意識的な復讐の笑いだった可能性がある。『赤い火焔の舌が暗い夜空を嘗めるのが、異様な美しさで眺められた』のは、「赤い火焔」の中に、褒姒が「復讐の炎」を見ていたからではないだろうか。

そう考えると、褒姒の生い立ちから周の滅亡までが、一すじの因果の糸でつながれてゆくのが見えてくるのである。

❖❖❖ 補足 ❖❖❖

「国父」「国母」という言葉がある。烽台の火を見て駆けつけて来た家臣たちにとって、幽王と褒姒は、「国父」であり「国母」である。彼らは「父」と「母」によって、その存在価値＝アイデンティティを奪われているのである。

褒姒の生い立ちと周の滅亡をつなぐ因果の糸は、こういう形でも貫かれている。

5　褒姒の笑いのなぞ⑤

いよいよクライマックスである。

「褒姒の笑い」の山場は、次のように始まる。

> 幽王の十一年の首《はじ》めのある夜、王は申侯、西夷《せいい》、犬戎《けんじゅう》の連合軍《れんごうぐん》である大兵団が鎬京《こうけい》を目差して進撃しつつあるという報を受けた。全く寝耳に水の事件であった。この最初の報を受けた時は、叛乱軍《はんらんぐん》の先鋒《せんぽう》は既に城内へはいろうとしていた。幽王は急を国人に告げるために烽台に火を入れることを命じた。（同書）

T　「『寝耳に水の事件であった』とあるけど、誰にとって『寝耳に水』だったの？」

P　「幽王」

T　「そうだね。『寝耳に水』ってどういうこと？」

P　「びっくり仰天」

T　「そのとおり。幽王は驚愕した。

でも、ちょっと変でしょう。最初に烽台に火を入れたのは幽王の七年だった。駆けつけた家臣たちは、『ただ呆然として山巓の火に見入る許り……』。幽王の八年、九年、十年と同じことが続いた。こんなことが続けば、家臣だって幽王を信用しなくなる。反乱が起こっても不思議はない。なのに幽王は仰天した。なぜだろう？」

P「幽王はアホだった！」

P「自分がしていることがわかってなかった」

P「それくらい褒姒に夢中になっていた」

P「褒姒の笑いを見たくて、麻薬中毒みたいになって、火を入れた」

T「きっとそうだね。

もう一つおかしいことがある。『この最初の報を受けた時は、反乱軍の先鋒は既に城内へはいろうとしていた』とある。

中国大陸は広いよ。反乱軍は、異民族の西夷や犬戎との連合軍だ。辺境からやってくる。なのに、最初の知らせを受けたときは、反乱軍の先鋒はもう、鎬京の城内へ入ろうとしていた。おかしいよね。速すぎる。

これは何を意味しているだろう？」

P「反乱軍を見た人が、誰も幽王に知らせなかった」

P「周の人は、みんな幽王を見かぎっていた」

T「そうだね。幽王は、国中から孤立していた可能性が高い。実際、幽王は烽台に火を入れさせたけれど、王宮に駆けつけてくる兵はいなかった」

　王宮の庭に矢が繁《しげ》く落ち出した頃、幽王は褒姒と一緒に寝室の前の石を敷き詰めた露台《ろだい》の、勾欄《こうらん》を廻《めぐ》らしてあるきざはしの上に立っていた。露台の石の面も、勾欄も、幽王の顔も、褒姒の顔も、山巓《さんてん》の烽台の火の照り返しで、夕焼の残照でも浴びたように赤かった。城市の方では何箇所からか煙が上がり始め、どこからともなく聞こえて来る異様などよめきと騒擾《そうじょう》は刻一刻高まりつつあった。（同書）

T「幽王と褒姒は、寝室の前のテラス（露台）にある展望用の階段（きざはし）の上に立って、手すり（勾欄）越しに街を見下ろしていた。驪山《りざん》の頂《いただき》の烽台の火が、夕焼けの残照のように二人を染めあげた。

『夕焼けの残照でも浴びたように……』という比喩が強烈だね。残照って何？」

P「夕陽の名残」

P「照り返しの残り」

T「そうだね。それが消えたら、あたりはどうなる？」

P「暗くなる」

P「闇になる」
T「そう。陽が落ちる直前の最後の明るさが『残照』だ。この比喩には『滅び』のイメージが秘められている。滅びの色が『露台の石の面も、勾欄も、幽王の顔も、褒姒の顔も……』、オーバーに言えば、世界を染め上げていた。……もう一つ。残照の赤さは、何を連想させる？」
P「血の色」
T「そう。王宮は、血潮を浴びたように赤く染まっていた。これから血なまぐさい悲惨なことが起こる伏線だね」

この直後、数人の兵がやってきて、城から逃れるための輿《こし》が用意されたことを二人に告げる。クライマックスだ。

この時、幽王は褒姒の笑い声を耳にした。玉でも転がすような琅々《ろうろう》とした少し甲高い笑い声であった。幽王は妖しい褒姒の顔に見惚《みと》れていた。褒姒は顔を少し斜めに仰向けて夜空を見入っており、口辺の筋肉がゆるんだと思うと、また笑い声がその口から漏れた。褒姒が笑った！　と幽王は思った。褒姒が笑った、褒姒が笑った、褒姒が笑った！　幽王は褒姒の顔に見入ったまま、褒姒から引き離されて、何人かの兵に取り囲まれて、慌《あわただ》しく北門の方へ移動させられて行った。

　この反乱で幽王は殺され、褒姒は虜《とりこ》となった。幽王は城を逃れ出て間もなく柘榴《ざくろ》の木の多い部落の入り口で敵兵に見つけられ、そこで斬《き》られた。
……申侯の虜となった褒姒のその後については何も知られていない。史書は幽王を寵妃の愛に溺《おぼ》れて国を亡《ほろ》ぼした暗愚《あんぐ》な天子として記《しる》し、褒姒は幽王をして国を亡ぼさしめた美貌な悪女として記している。

物語は終わり、後書き的エピローグがこれに続く。

T「『この時、幽王は褒姒の笑う声を耳にした』ってあるけど、『この時』って、どういう時?」
P「輿が用意された時」
P「もう、逃げるしかない時」
P「国が滅びる時」
P「世界の終わりの時」
T「この時、褒姒が笑う。二度目の笑いです。そして最後の笑いだ。世界が滅びるこの瞬間に幽王の願いはかなえられた……。
『玉でもころがすような琅々《ろうろう》とした少し甲高い声であった』と書かれているけど、これ、どんな笑い声だと思う? イメージしてみてください。『玉』って宝石のことだよ」
P「宝石のように美しい声」

P「宝石のように高貴な声」
P「ろうろうとした明るい声」
P「前回と違ってはっきりした声」
P「前と違って高い声」
P「ヒステリックな声」
T「ヒステリック？　どうして」
P「『少し甲高い声』って書かれていて、『甲高い』というのは、痙攣するみたいな感じだと思う……」
T「そうだね。一種の痙攣的泣き笑いだったかもしれないね。『口辺の筋肉がゆるんだ』というのは、能面のように無表情だった顔がやわらいで、感情が蘇ったことを感じさせるね。

さて、褒姒はなぜ笑ったんだろう。

前回の笑いを思い出してほしい。

幽王がはじめて烽台に火を入れさせたとき、褒姒は低い声でかすかに笑った。それは、褒姒の家庭で起こった悲劇が国家的規模で再現している光景を見たからだった。褒姒は、意図したわけではないけれど、被害者から加害者へと、いつの間にか立場を変えている。つまり、無意識の復讐者になっていたんだ。

前回の笑いと今回の笑いの意味は、では、どう違うんだろう？」
P「……前回は復讐のはじまりの笑いだったけど、今回は復讐が完成したことからくる笑い

「……」

T「たぶんそうだね。だけどそれが、※痙攣的な泣き笑いを思わせるものだったのは、どうしてだろう？」

ここからはわたしの仮説である。

褒姒は家庭から拒まれた子どもだった。家庭から拒まれることは、子どもにとって世界から拒まれることを意味する。だから褒姒は世界を拒否して心を閉ざした。褒姒と世界はあい入れない関係にあった。

世界が存在するかぎり、褒姒の心は凍りついたままなのである。そんな褒姒は、世界を滅ぼすことによって感情を取りもどしたのだ。

なぜ褒姒は世界を憎んだのだろう。それは、褒姒が本当は世界に受け入れられたかったからだ。世界の中に自分の「居場所」を見つけたかったからだ。だが、褒姒の居場所はどこにもなく、世界は褒姒を冷たく拒絶していた。

だから、褒姒は世界を憎み、満たされない憎しみを意識下へ抑圧した。憎しみを意識すること自体が褒姒を無力感で苛《さいな》むからだ。

だが世界が滅びる時、憎しみは抑圧の必要を失った。憎しみは意識の中に躍り出て、強烈な満足を味わった。その表現が、高らかな褒姒の笑いだった。

しかし憎しみのさらにその底にあるものは、世界に受け入れられたい、居場所がほしい、と

※ 褒姒の存在の「二重性」を踏まえれば「甲高い笑い」は、超自然的存在が正体を現しつつある笑い――悪魔的な笑いと読むこともできるかもしれない。褒姒の笑いは両義的である。

いう切ない願いだった。

だが求めた世界は今、目の前で崩壊しようとしている。褒姒を受け入れてくれる世界は、もうない。感情を取り戻した褒姒は、限りない孤独の中で笑いながら泣いていたのではないだろうか。

世界の没落と引き換えに感情を取り戻した褒姒の高らかな勝利の笑いであると同時に、心を取り戻したときには世界はすでに滅びつつあり、自分を受け入れてくれる場所はどこにもない。そういう運命の皮肉への痛烈なあざけりの笑い。――それが、褒姒の最後の笑いだったのではないだろうか。

褒姒の笑いは、哀切な笑いだったのである。

❖補足❖

井上靖の「褒姒の笑い」には、書かれた時代（昭和39年）を超えて響いてくる何かがある。たとえば、褒姒は無意識の復讐者である。無意識的な復讐は、復讐の対象を問題にしない。そのために、対象は無制限に拡大する。相手は誰でもいいのである。最終的には、世界の滅亡を求めるまでに。

そう考えると、これは現代と無縁の話ではない。〝疎外感に起因する憎しみ〟と〝無差別的な攻撃〟をつなぐ回路は、今や現代社会の苦しみの源となっている。

あるいは、思春期の「自分くずし」には、「世界が崩壊する」感覚や、「その世界を滅ぼしている」という、うしろめたい全能感がともなう。そういう感覚と褒姒の物語が深いところで触れ合うのだろう。「褒姒の笑い」の授業は何度やっても、生徒たちは夢中になる。

これはけっして、古代中国のカビのはえた話ではないのである。

読みの方法

ここで、本書全体で使っている「読みの方法」――「深層の読み」の方法を整理してみたい。

本書で使っている「読みの方法」は、主に次の三つである。①置き換え読み、②プラマイ読み、③なぞ解き読み、で、突飛なネーミングではあるが、どれも国語教育の中で広く使われているものである。

「深層の読み」には一定のパターンがある。このパターンを一つ一つ意識しながら行使してゆくと、読みの力はアップしてゆく。

最後にもう一つ、思い出話を紹介しながら、本書でふれなかった「表層の読み」について補足したい。

1　置き換え読み

たとえば「木琴」（本書60頁）を読むとき、「木琴」と（似た）「鉄琴」を置き換えてみる。そして二つを比較する。「鉄琴」の固さと較べてみると、「もろくてこわれやすいけれど素朴でやわらかい」木琴のイメージが浮かび上がる。それは、「妹」の「もろくてこわれやすいけれど素朴でやわらかい」イメージや「平和」のイメージにもつながってゆく。

あるいは、「妹よ」という呼びかけを「弟」や「姉さん」という呼びかけと置き換えてみる。そして比較する。すると「妹」の、「戦争に対する非力で無抵抗な」イメージが浮かんでくる。（「『木琴』のなぞ」）

同じように、「ローマの休日」と「パリの休日」を置き換えてみる。すると、なぜ「ローマ」なのか？という問いが浮上する。（「『ローマの休日』のなぞ」）

「A」という言葉をそれと似た「A′」と置き換えてみる。その上で「A」と、「A′」の微妙な差異から「A」が使われた必然性を考える。すると「A」の深層の意味が浮かび上がることがよくある。

「置き換え読み」は、言葉の裏の意味を読み取る上で基本的な方法である。

2　プラマイ読み

ある言葉から、プラスの意味を読み取ったときは、逆にマイナスの意味が読み取れないかと考えてみる。マイナスの意味を読み取ったときは、プラスの意味を読めないかとつっこみを入れてみる。

そして両方の意味を重ねる。

「木琴」＝「妹」＝「平和」のイメージは、「もろくてはかない」とも読めるが、「だからこそ尊い」とも読める。（「『木琴』のなぞ」）

「鉄鉢の中へも霰」の「霰」は、「非情な霰」とも読めるが、「恵みとしての霰」とも読める。（「『鉄鉢の中へも霰』のなぞ」）

両義的なイメージの「両義」（プラスの意味とマイナスの意味）をきちんと読み取ることで、文章の奥行きをとらえることができる。

3　なぞ解き読み

テキストの中の「不整合」を見つけて、そこからなぞを読み解いてゆく方法である。

たとえば、坊っちゃんは西洋製のナイフで、「右の手の親指の甲をはすに切りこんだ。」と書かれている。すると、ナイフは左手に持っていたことになる。なぜ（右手ではなくて）左手なのだろう。また、そのことにどういう意味があるのだろう、というふうに考えてゆく。（「『坊っちゃん』②――「西洋ナイフ」のなぞ」）

ジャン・バルジャンは、なぜ銀の燭台を盗まずに、銀の食器だけを盗んだのだろうか。（『レ・ミゼラブル』のなぞ）

内供は、鼻を苦にしているのに、なぜ平気な顔をしていたのだろうか。（「『鼻』のなぞ」）

……というふうに、考えてゆくのである。

不整合に注目すると、ときに劇的な内容が読めることがある。

4　主語の逆読み――「象は鼻が長い」のなぞ

ところで、「深層の読み」の前提は「表層の読み」である。「書かれている言葉の意味」を正確に読みとらないと、「言葉の裏」を読み取ることはできない。ところが、難解な文章に出会うと、「表層の読み」の段階で読みは挫折する。意味が読み取れないのである。

そういうときにわたしが使うのが、「主語の逆読み」と呼ぶ方法である。日本語を「述語」から読み解いてゆく読み方である。

この方法に開眼したのは、次のようないきさつからだった。

鎌倉の閑静な住宅の座敷で、わたしたちは教授と向かいあって座っていた。単位をもらいに来たのである。

ある手違いから、わたしと友人はその講義――「国語学概論」の単位を落としていた――この単位を取らなくては卒業できない。二人ともすでに就職が決まっていた。あわてふためき、東京駅から列車に乗って、教授の自宅まで駆けつけたのである。

もう三十年以上も前のことだ。そのとき聞いた言葉が鮮烈に頭に残っている。

「何か紙に」

と、教授は静かに言った。「わたしの言う言葉を書きなさい」。二人とも緊張してメモの用意をした。

「象は……」と、教授は言った。二人はメモを取った。

「鼻が」

と、教授は続けた。二人ともさらに緊張する。

「長い……」

唖然とした。

象は鼻が長い。

一瞬、教授が冗談を言ったのかと思った。

あまり出席していない講義だった。学生運動が激しかったころで、たいていの講義はレポートを出せば単位をもらえた。

「国語学概論」のレポートは、二人ともちゃんと出していた。ところがこの教授は、学生の出欠をきちんとチェックし、それによって単位の認定を行っていた。出席不足のため、わたしたちは単位を落としたのである。

頑固な教授である。まさか冗談を言っているのではないだろう。書き取った文章の意図に当惑していると、教授は続けた。

「君たちは、この文の主語は何だと思いますか?」

一瞬答えられなかった。

「『象は』ですか? それとも『鼻が』ですか?」

難しい問題だと、はじめて気がついた。考えた。

……「長い」のは「鼻」であって「象」ではない。

二人ほぼ同時に、

「『鼻が』です」

と答えていた。

すると、教授は突然気迫のこもった声で、

「では、『象は』は一体何なんだ」

と言ってテーブルをたたいた。大きな音がしたわけではないが、身が震えるような迫力があった。地味で物静かな教授のどこからこういう気迫が湧いてくるのか。

わたしたちは震え上がった。そして、この問答にわたしたちの卒業がかかっているのだと直感した。

だが、うまく答えられない。二人とも黙ったまま、ただあせっていた。

「あなたたちに課題を出します」

やがて、教授は厳かに告げた。

て持ってきなさい。

『象は鼻が長い。』というセンテンスの文構造を分析し、原稿用紙二十枚のレポートを書い

期間は五日です。納得のいくレポートだったら、考慮いたしましょう」

帰りの列車で、二人はひきつった笑いの渦の中にいた。小さな祝祭のようだった。

一筋の希望は見えた。しかし不安は圧倒的だった。「象は鼻が長い。」の構文論で二十枚のレポート。そんなものが書けようとはとうてい思えない。そのため、意味もなく笑いころげた。笑うしかなかったのである。

友人……といっても教室で顔を合わせるだけで、さして親しい間柄でもなかった。たまたま同じ窮地に陥っていることがわかって、いっしょに鎌倉まで行ったのである。それがまるで十年来の知己ででもあるかのように親密にうちとけ合い、互いの田舎の話や内定した就職先の話に花を咲かせた。

列車が東京駅に近づくころ、二人は急に真剣になった。言語学、国語学、文法学の参考書をとにかく集めよう。そして死ぬ気で勉強して、どんなことをしてでも卒業を勝ち取ろう、と誓い合った。

それから〝血みどろの日々〟が始まった。昼は書店、古本屋、図書館をまわり、文法書、言語学書をかたっぱしから買いあさり、借りまくった。

夜は毎日ほぼ徹夜で、要約ノートを作った。日本語の「構文」についての代表的な学説をとにかく羅列することで、レポートを埋めようとしていた。その合間に、電話で友人と連絡をと

り合った。

「日本語の構文って難しいんだな」

とわたしが嘆くと、

「英語のSVOみたいに簡単にいかねえよな。はじめてわかったよ」

と友人がせつなく答えた。

ある夕方、早稲田通りの古本屋の片隅で、その本を見つけた。タイトルが強烈に目に飛び込んできた。

『象※は鼻が長い』

まぎれもなく、そう書かれていた。

軒から差し込む斜陽を浴びた古びた背表紙が、黄金色に輝いて見えた。

ひょっとして教授の著書ではないかと思いまじまじと見つめたが、違っていた。著者は「三上章《あきら》」とあった。当時のわたしのまったく知らない名前だった。

すぐに買って帰り、むさぼるように読んだ。スリリングで難解な日本語論だった。友人に電話をかけ、コピーを取って分担し合い、レジメをつくって討論し合いながら、内容を読みこんでいった。

わたしたちが読み取ったのは、以下のことだった。（今にして思えば、ごく表面的な理解だ

※「象は鼻が長い」三上章（くろしお出版）

が……)。

日本語には、主語は存在しない。※

主語=サブジェクトという概念は明治維新後、日本人が欧米の文法学から取り入れたものだ。

そういう欧米の概念を日本語に当てはめて考えること自体が間違っている。

日本語に不可欠なのは、述語である。述語以外は、全て述語を補完するための「補語」である。

「補語」とは、文字通り述語を補う語だ。「象は鼻が長い。」の述語は「長い」。「象は」も「鼻が」も「補語」なのである。

これには驚いた。目の覚める思いだった。

さて、死にもの狂いで書きあげたレポートを持って、鎌倉の教授の家を再びたずねたのは最終期限の日だった。

教授は、かなりの時間をかけて二人のレポートを黙読した。

「いいでしょう」と静かに言った。

「両君に単位を差し上げましょう」

「ありがとうございます!」

この瞬間、卒業と就職が確定した。

その後が不思議だった。

鎌倉へ来る列車の中ではしゃぎすぎるくらい騒いでいた二人なのに、東京への帰りの電車

※「象は」と「鼻が長い。」の関係を三上章氏は「題述関係」と呼んでいる。「象は」は題目の提示であって、主語ではないとする。

の中では黙り込んだ。そのままほとんど口をきかなかった。

東京駅のプラットホームで、「じゃあ」と言って別れた。

以来三十数年になる。彼とは以後一度も会っていない。今ではその名前も忘れてしまった。

だが、今でもときどき思いだす。

あの日の奇妙な沈黙と、車窓を眺める彼の物憂《ものう》いまなざしを。車窓からさし込む西日の中に、金色のほこりが舞っていた。

なぜ二人は黙ったのか。そのときはわからなかった。今なら、わかる。あのときわたしたちは、一つの時代の終わりを感じていたのだ。

卒業が決まれば就職する。青春が終わる。

……今は何者でもないけれど、何者にでもなることのできる可能性を持っていた時代が終わったのだ。それを二人は無意識に感じていた。

何年か前のことだ。ある書店で一冊の本を見つけた。「主語を抹殺した男——評伝三上章」[※]
——思わず手に取ってページをめくった。
学術的で、しかも感動的な評伝だった。
三上章は「街の言語学者」（市井の言語学者）で、その学説は国語学会からは生涯認められなかったという。彼の日本語論は海外で評価され、死後になって日本の学会に衝撃を与えたものらしい。

※「主語を抹殺した男——評伝三上章」金谷武洋（講談社）

評伝の著者金谷武洋氏の、あるエピソードも記されていた。

金谷氏は、カナダで日本語を研究している言語学者だ。若いとき、カナダ人から「『私は日本語がわかる。』という文の主語は何ですか」と聞かれたという。

この問いに金谷氏はうまく答えられなかった。「私は」が主語なのか、「日本語が」が主語なのか、理論的整理がつかなかったからだ。このときの衝撃から三上章の研究を始め、ついに評伝を書くにいたったという。

これを読んだとき、三十年前の光景が鮮やかに甦った。鎌倉の閑静な住宅の日当たりのよい座敷。早稲田の古本屋で見つけた本の背表紙。東京駅のプラットホームの雑踏の中へ消えていった友人の後ろ姿。

「象は……鼻が長い！」

書店の中で思わず声をあげていた。

それにしても、日本語について、あれほど真剣に考えたことはなかったと思う。

このとき学び取ったことからヒントを得て、日本語を解読するシンプルな方法を考案した。

これを今も生徒たちに教えている。

難解な文を読み解くときは、まず述語を見つける。述語は必ず見つかる。なぜなら、日本語は述語を中心にして組み立てられているからだ。述語を見つけたら、それを手がかりにして主語（三上章氏のいう主格補語）を見つける。

述語から、対応する主語を探り出すことは比較的簡単だ。そして述語と主語の関係（述語と主格補語の関係）がわかれば、文の意味は半分くらいわかる。

そうすると、修飾—被修飾の関係も、楽に読み取ることができる。こうして文意はほぼ把握できる。

述語から主語を逆探知するという読み方。この日本語解読法を「※主語の逆読み」と名付けている。

難解な日本語——社会科学や人文科学からはじまって「源氏物語」や「枕草子」のような古文に至るまで——を解読するときに、この方法は驚くほど効力を発揮する。

「述語」こそ日本語を読み解く鍵だ。これは、もっと注目されてよい事実だと確信している。

※「主格補語」という言葉は生徒になじみがうすい。そのため、「主格補語」の代わりに「主語」という言葉を便宜的に使っている。これは、名著「象は鼻が長い」の主旨には反しているかもしれない。「象は…」は、「主語の廃止」を明確に主張している。

あとがき

言葉の奥に隠された意味を読み取る力を身につけると、より深く人生を楽しむことができます。

たとえば、自分の能力に劣等感を感じて悩んでいるときに、芥川龍之介の「鼻」を読んだとします。「劣等感を持っていることに劣等感を持っている」禅智内供の心理まで読み取ることができると、自分と内供が同じ問題で悩んでいることに気がつきます。そして、自分の悩みを絶対化するのではなく、すこし距離をおいて相対化する余裕が生まれます。劣等感から逃れるために禅智内供がおこなう滑稽な失敗談を楽しみながら、それを逆に読み直すことによって、自分の悩みから抜け出してゆく方向を探ることもできるのです。

人生のピンチに陥ったとき、山頭火の「鉄鉢の中へも霰」を思い出すと、この試練を「天からの恵み」として受けることはできないかと、考えるゆとりが生まれます。

他者とのコミュニケーションにおいても、読みの力は大きな働きをします。「他者」とは、自分の思い通りにならない相手のことです。「空気」を読むことでは、「他者」を理解することはできません。他者の発する言葉の一つ一つを丁寧に読み解くことで、はじめて深いコミュニケーションが成立するのです。

そして、「読みの力」＝「読解力」＝「日本語力」の土台は、「読みを楽しむ力」です。

本書が、読むことの楽しさ――読むことの深い楽しさを発見する上で、少しでもみなさんのお役に立てたなら幸いです。


本書の出版にあたっては、たくさんの方々のお世話になりました。

南の風社の細迫節夫さん、国光ゆかりさん、寺山亜希さんの編集の力なしには、本書は生まれませんでした。

本書の元となったコラムは、高知市文化事業団の広報誌「文化高知」に五年間にわたって連載したものです。そのときの編集者、吉村知恵さん、岡田真也さん、筒井亮太さんからは、様々な刺激をいただきました。

また、「科学的『読み』の授業研究会」（現在名・「『読み』の授業研究会」）との出合いは大きいものがありました。読みの面白さと深さを学ばせていただきました。

校正では、竹内一浩先生、土居徹先生、正木宏明先生にお世話になりました。

そして何より、教室で出会った生徒のみなさんから、はかりしれない多くのことを学ばせていただきました。

最後に、今は亡き恩師、小島哲雄先生に本書を捧げたいと思います。先生との出会いが今のわたしをつくってくれました。

支えて下さったすべての方々、本当にありがとうございました！

広井(廣井)　護

1954年 高知市生まれ
早稲田大学第一文学部日本文学科卒
私立土佐中高等学校に勤務
国語教師

読みのスリルとサスペンス
深層読みで名作に迫る

著　著：広井　護
発行日：2016年1月15日
　　　　2016年5月20日　第2版
発　行：株式会社 南の風社
〒780-8040　高知市神田東赤坂2607-72
TEL：088−834−1488
FAX：088−834−5783
E-mail：edit@minaminokaze.co.jp
H P　http://www.minaminokaze.co.jp